山东省自然科学基金青年项目"内外部视角下员工'责任式'创造力的触发、平衡及动态机制研究"(项目编号:ZR2020QG018)

团队创造力提升的多层次影响及动态追踪研究

目标取向视角

徐振亭 ◎ 著

中国财经出版传媒集团
经济科学出版社
Economic Science Press

力的多层次影响关系如何？影响过程是什么？第二，团队目标取向与团队创造力的动态演化机制是什么？为了解决这两个问题，本研究进行了三个具有相互递进性和整体性关系的实证研究。

研究一是目标取向与创造力的多层次影响模型的构建和验证，为后续研究提供了基础性框架。研究以创造力成分模型与目标取向理论为理论基础，以110个研发团队为样本，采用问卷调查方法收集数据，通过多层线性回归技术分析了目标取向对创造力的多层次影响关系。主要研究结论包括：

（1）目标取向与创造力在个体和团队层次的作用关系比较。在个体层次上，个体学习取向、证明取向分别与个体创造力具有显著正相关关系，而个体回避取向与个体创造力具有显著负相关关系；在团队层次上，团队学习取向、证明取向与团队创造力具有显著正相关关系，而团队回避取向与团队创造力具有显著负相关关系。

（2）团队自省在个体和团队层次的影响关系上表现出不同的行为效应。组织行为领域的多层次理论认为，个体行为不仅受个体特征的影响，还会受到个体所处团队及至组织层次的情景因素影响。因此，在个体层次上，团队自省作为重要的团队情境因素，在个体目标取向与个体创造力关系上起到跨层次的调节作用。而在团队层次上，团队自省作为重要的过程变量，在团队目标取向与团队创造力的关系上起到中介作用。

（3）个体创造力通过创造力支持氛围向团队创造力转化。创造力的跨层次理论认为个体创造力是团队创造力构建的基石。研究发现，个体创造力平均水平与团队创造力具有显著的正相关关系，且个体创造力平均水平通过创造力支持氛围自下而上对团队创造力产生积极影响。由此可见，个体创造力向团队创造力转化需通过一定的氛围或过程实现，并非简单的加总关系。

研究二遵循IMOI的动态研究范式构建并验证了团队学习目标取向与团队创造力的动态关系模型。基于已有研究结论，采用两阶段的数据追踪，通过回归分析技术分析了团队目标取向与团队创造力的动态影响关系。研究表明，初始团队创造力对随后阶段的团队学习取向、证明取向产生正向影响，而对团队回避取向产生负向影响，即团队目标取向与团队创造力的因果关系遵循IMOI反馈回路范式演进。

研究三基于ASD动态演化视角，运用解释性案例研究分析团队目标取向与团队创造力的动态演化关系。研究三以研究二为基础，遵循典型性原则选取上海大众产品开发部门的三个团队作为案例团队，对团队目标取向与团队创造力的动态演化关系进行逻辑分析。研究结果表明：第一，团队学习取向、证明取向的选择受初始团队创造力的正向驱动，且对团队创造力提升提供了基础和提升，有利于团队创造力向更高水平的适应，而团队创造力的提升会对随后阶段的学习与证明取向产生"效果强化"，会进一步提高团队学习与证明取向；第二，团队回避取向的选择受初始团队创造力的负向驱动，低团队回避取向为团队创造力提升提供了基础，有利于团队创造力向更高水平的适应，而团队创造力的提升会对随后阶段的团队回避取向产生"效果反转"，会进一步降低团队回避取向。

总之，本研究基于多层次研究方法，结合静态和动态分析视角，深入探讨了目标取向对创造力的多层次影响，并构建和验证了创造力动态研究的分析框架。所获得的研究结论不仅拓展和丰富了相关理论研究，而且对管理实践具有一定的借鉴作用。最后，本研究检视了上述研究部分中所存在的局限性和不足，指出未来研究应该注意的问题。

目 录

| 第 1 章 | **绪论** / 1
    1.1 研究背景 / 1
    1.2 研究问题 / 6
    1.3 研究目的和意义 / 7
    1.4 研究思路和方法 / 11
    1.5 研究的技术路线图及结构安排 / 13
    1.6 本研究可能的创新点 / 16
    1.7 研究小结 / 17

| 第 2 章 | **研究综述** / 18
    2.1 个体创造力相关研究综述 / 18
    2.2 团队创造力相关研究综述 / 32
    2.3 目标取向与创造力的关系研究 / 43
    2.4 研究小结 / 52

| 第 3 章 | **研究的理论框架与总体设计** / 53
    3.1 研究的理论基础 / 53

3.2 基本概念的界定 / 58
3.3 构思设计 / 59
3.4 研究模型的整体框架 / 60
3.5 研究小结 / 62

| 第4章 | 目标取向与创造力的多层次影响模型构建及验证 / 63

4.1 引言 / 63
4.2 文献探讨与研究假设 / 65
4.3 研究方法 / 75
4.4 调查问卷设计 / 76
4.5 研究样本 / 80
4.6 团队层面数据聚合检验 / 84
4.7 信度与效度检验 / 86
4.8 数据检验 / 99
4.9 研究小结 / 104

| 第5章 | 目标取向与创造力循环演化的追踪分析 / 107

5.1 引言 / 107
5.2 团队目标取向与团队创造力的动态分析框架 / 108
5.3 文献探讨与研究假设 / 111
5.4 研究方法 / 116
5.5 数据处理结果与分析 / 121
5.6 研究小结 / 129

| 第6章 | 目标取向与创造力动态演化关系的案例研究 / 132

    6.1 引言 / 132

    6.2 研究目的 / 133

    6.3 理论基础和动态分析框架 / 133

    6.4 研究方法 / 136

    6.5 追踪案例分析 / 140

    6.6 研究结论讨论 / 150

    6.7 研究小结 / 151

| 第7章 | 研究结论与启示 / 153

    7.1 主要研究结论与讨论 / 153

    7.2 本研究的理论进展 / 158

    7.3 本研究的局限与研究展望 / 162

参考文献 / 165

第1章
绪　　论

1.1　研究背景

本章首先介绍了研究背景（现实背景、理论背景），结合企业管理实践面临的问题和管理理论研究的进展提出了本研究的主要研究问题，其次介绍了研究目的与意义，在此基础上阐述了本研究的研究内容和创新之处，最后对研究方法、技术路线和本研究的结构安排做了较为详细的说明。

1.1.1　现实背景

管理学大师德鲁克在《21世纪的管理挑战》中深刻地指出，创造力既是一切组织的稀缺资源，也是在蕴含组织中待开采的丰富宝藏。英特尔公司创始人安迪·格鲁夫在《只有偏执狂才能生存》一书中提出的"要么创新，要么出局"已经成为高科技企业生存的铁律。由此可见，创造力成为制约组织发展的重要影响因素。而我国创造力现状正由创造力缺失向创造力和创新发展过渡。

1.1.1.1 创造力缺失现象

创造力缺失是制约我国企业自主创新能力提升的主要问题。在强调"集成智慧"的"众包"时代，汇集众人智慧，集成创造是一种发展趋势。组织不仅需要关注如何提升员工的个人创造力，还要思考如何塑造有创造力的团队，以从整体上提升组织的创新能力。令人深思的"钱学森之问"抑或"李约瑟难题"直指中国创造力缺失软肋。与西方发达国家相比，我国创造力缺失现象主要表现在：

(1) 创新成果支撑不力。我国经济总量虽然位居世界前茅，但经济增长仍然以投资驱动和贸易拉动为主。在一些主导产业的发展中，中国对生产要素驱动的路径依赖严重，艰难地探索从"中国制造"到"中国创造"的战略转型路径。虽然若干产业涌现了一批关键核心技术，如通信设备、高速铁路、水电设备等已经具备国际竞争力，然而从产业链和关联产业发展的角度看，重大原始创新成果还不足，对经济的突破带动性作用不够明显。处于国民经济基础地位的央企，虽然其科技投入在 2006～2012 年年均增长 20% 以上，发明专利授权量年均增长 40% 以上，但是在其科技创新能力稳步提升过程中还缺乏重大突破性科技创新成果。[①]

(2) 企业创造力的内在动力不足。企业是创造力和创新的主要载体。在我国经济实力增长中，企业技术创新能力较弱一直是制约整体发展的瓶颈。除了华为、海尔、中国电子科技集团、中车集团、阿里巴巴、百度等少数优秀的创新型企业之外，我国其他企业创造力和创新投入的资源基础薄弱，包容创新失败的空间有限，对关键核心技术研发投入的信心不足。企业创新体系和能力建设的路径规划还不清晰、受重视程度尚不足，目前中国企业创新能力亟须提升。

(3) 高层次创新型科技人才短缺。我国工程和金融方面的毕业生只有

---

① 辛闻. 报告称动力不足和人才缺乏制约中国创新发展 [EB/OL]. 中国新闻网, http://news.china.com.cn/txt/2014-08/31/content_33390616.htm, 2014-08-31.

10%左右具备全球化企业所要求的能力，本土的 MBA 毕业生能够胜任管理工作的不到 20%。以信息技术服务行业为例，由于缺乏创新型人才支撑，我国信息技术跨国服务总收入中有 65%来源于附加值较低的日本市场，高附加值的跨国服务收入只占总收入的 10%，而印度的这一比例为 75%。[①] 高端的创新型人才不足是制约中国创新的瓶颈。

1.1.1.2 创造力和创新发展

2013 年 9 月 30 日，习近平主席带领中央政治局成员，首次将中关村作为其中南海之外的学习地点。2015 年除夕，全民"摇一摇"发送了 10.1 亿次"红包"，用一场移动互联的狂欢，将生活和科技创新紧紧地"摇"在一起。[②] 2014 年 3 月以来，我国平均每天诞生 1 万多家企业，出现了大众创业、草根创业的"众创"现象。这三个事件体现出我国创造力和创新发展现状，进入了创新快速发展的局面，主要体现在以下几个方面：

（1）创新能力得到全面提升。2014 年，全年研究与试验发展（R&D）经费支出 13312 亿元，比上年增长 12.4%，占国内生产总值 2.09%；国际科技论文数量稳居世界第 2 位，被引次数上升至第 4 位；国内有效发明专利预计达 66 万件，比上年增长 12%；全年共签订技术合同 29.7 万项，全国技术合同成交额达 8577 亿元，比上年增长 14.8%；研发人员全时当量预计达到 380 万人/年，位居世界第 1 名，每万名就业人员中研发人员数量达 49.2 人/年，科技人力资源规模和质量进一步提升。[③]

（2）创新创业吸引全民参与。2014 年 3 月以来，我国平均每天诞生 1 万多家企业，出现了大众创业、草根创业的"众创"现象。2014 年，全国科技企业孵化器数量超过 1600 家，在孵企业 8 万余家，就业人数 175 万人；国家高新区 115 家，园区注册企业超过 50 万家，仅中关村新增科技企业 1.3 万

---

① 霍文琦. 多管齐下破解我国创新困境［EB/OL］. 中国社会科学网，https：//www.sinoss.net/2014/0903/51352.html，2014-09-03.

② 郑永年. 中国自主创新能力建设 2014 年度报告：全民拥抱"创"时代［EB/OL］. http：//www.haijiangzx.com/2015/0407/215772.shtml，2015-04-07.

③ 王希. 2014 年我国全社会研究与试验发展经费同比增长 12.4%［EB/OL］. 新华网，https：//finance.huanqiu.com/article/9CaKrnJIawd，2015.

家；全国创业投资机构1000余家，资本总量超过3500亿元；全国近30万项技术成果通过技术市场转移转化。①

（3）企业创新彰显主体能量。2014年，国家产业技术创新战略联盟总数达146家，各地组建联盟超过1700家，全国高新技术企业超过6.8万家。企业创新意愿和能力显著增强，2010~2014年规模以上工业企业开展研发活动的比例增加120%，研发人员和研发支出增加1倍以上。企业研发支出占全社会研发支出比重达76%，企业研发人员占我国研发人员总量的77%，企业发明专利占国内有效发明专利总量超过55%。国家科技进步奖获奖项目由企业参与的占76.3%，其中企业作为第一完成单位的占40%，首次超过高校位居第1名。58%的中小板企业、93%的创业板企业为高新技术企业。

通过对现实背景的描述，我国的创造力和创新发展进入了快速通道。然而，由于创造力团队的缺失，且个体和团队创造力是制约企业创新的关键要素，因此，对个体和团队创造力影响因素及其动态变化的研究显得尤为重要。

1.1.2 理论背景

随着国家、企业、团队及个体越来越重视创造力的提升，理论界对创造力的相关研究多从社会学、管理学或心理学等方面出发，试图探寻创造力的影响因素及其形成过程。

目前对创造力的研究主要围绕创造力的内涵、创造力的测量和创造力的影响因素三个方面展开。第一，创造力的内涵。在学术界比较认同的观点是：创造力是组织内的个体或群体提出新颖、合适而且有用的想法能力（Amabile, 1983）。第二，创造力的测量。例如，实验研究（Hanke, 2006; Kurtzberg, 2005）、实地研究（Somech & Drach-Zahavy, 2011）。第三，创造力的影响因素。创造力不仅取决于性格、认知和知识等个体要素，也会受到外部环境的

---

① 孙银丰. 中国自主创新能力建设2014年度报告：全民拥抱"创"时代 [EB/OL]. 中国青年网, http://news.youth.cn/gn/201504/t20150407_6565819.htm, 2015-04-07.

影响。个体层次的影响因素涉及个体的认知风格和能力、内在动机，例如，个体特征（Feist，1998）、情绪（George & Zhou，2007）、价值观（Shin & Zhou，2003）、自我效能（Gong et al.，2009）等；团队层次的影响因素包括宜于激发成员创造力的氛围、过程和特征，例如，团队多样化（Mannix & Neale，2005）、任务冲突（Farh et al.，2010）等。

阿马比尔（Amabile，1988）提出了创造力成分模型，认为专业领域相关技能、创造力相关技能及内在任务动机是创造力产生的三个基石。而目标取向因其注重知识和技能的获取、关注能力发展及避免负面评价（Vandewalle，1997），从而与创造力成分模型中的技能获取和内在任务动机紧密相关，并且与创造力产生的过程具有显著的相关性（Gong et al.，2009；Hirst，Van Knippenberg & Zhou，2009）。因此，众多研究者开始研究目标取向与创造力的影响关系。例如，贡等（Gong et al.，2013）以100个研发团队为研究对象，构建了团队目标取向对创造力跨层次影响模型，并将信息交换、对团队领导信任引入模型。研究结果表明：团队学习取向与证明取向分别通过信息交换对个体和团队创造力产生积极影响，且对团队领导的信任在两者关系间起到调节作用；团队回避取向通过信息交换对个体和团队创造力产生消极影响，且个体创造力与团队创造力之间存在正相关关系。

目前，目标取向与创造力的关系研究已初成体系，且多采用跨层次方法探讨团队情景在个体目标取向与个体创造力关系中的影响效应，或者团队过程在团队目标取向与团队创造力关系中的影响效应。然而，从多个层次上探讨目标取向对创造力影响关系的研究偏少。基于此，本研究从个体和团队层次探讨目标取向与创造力的影响关系，并将团队自省引入两者关系，探讨其在团队层次和个体层次所表现出的不同行为效应。同时，团队目标取向对团队创造力的影响可能并非简单的静态关系（Hirst et al.，2009），很可能存在"循环"和动态变化规律。因此，本研究遵循IMOI的动态研究范式构建和验证了团队学习目标取向与团队创造力的动态关系路径模型。

除此之外，本研究得到国家自然科学基金项目"社会网络与团队创造力的多阶段循环演化机制研究"的资助，聚焦于团队创造力及其动态演化机制，成为本研究内容的重要模块。综上所述，本研究的选题结合了现实背景、理论背景和课题背景。

1.2 研究问题

通过现实背景、理论背景和课题背景的描述，本研究以企业研发团队为研究对象，以创造力作为研究方向，探寻基于成就动机理论的目标取向对创造力的多层次影响及其两者间的动态演化关系研究，从而为企业管理者管理和干预创造力提供合理化的建议。因此，本研究将以引入以下问题进行文献梳理及研究设计。

（1）目标取向与创造力影响关系的研究进展如何？欲研究目标取向与创造力的多层次动态影响关系，首先有必要了解目前国内外对创造力研究现状，包含目标取向与创造力的关系研究。通过对文献的梳理及归纳，从而寻求具有深入研究价值的议题。

（2）目标取向驱动创造力形成的重要转化机制及其在个体和团队层次上两者关系上所产生的不同行为效应？本研究从个体和团队层次出发，通过文献梳理，构建目标取向对创造力的多层次影响模型，将团队自省这一团队过程变量和个体层次的团队情境变量引入模型，拟探讨不同层次目标取向与创造力的影响关系，及其团队自省在团队层次和个体层次的关系间所产生的不同行为效应。同时，本研究还将探寻个体创造力向团队创造力转化的过程机制，以系统分析目标取向对创造力的多层次影响。

（3）目标取向与创造力之间的动态演化关系如何？团队创造力是一个由低级阶段向高级阶段的动态演化过程。因此，本研究在研究团队目标取向与团队创造力的关系时，以动态发展观探寻其成长路径或作用规律，具有合理性和科学性。

而以上三个主要研究问题解决的基础在于：明确目标取向与创造力的关系研究。通过已有研究，了解目标取向与创造力的关系研究现状，进而探讨目标取向与创造力的多层次影响及动态演化关系，为本研究的聚焦议题和研究设计提供理论指导。

1.3 研究目的和意义

1.3.1 研究目的

知识经济和"互联网+"时代的快速发展，创造力备受国家及研究学者的关注。在起初阶段，主要关注创造力的度量标准、测量方法及影响因素，并取得了丰富的研究成果。近年来，基于成就动机理论的目标取向反映了团队主管及成员对团队整体学习、获得良好评价、超越其他团队或避免负面评价和失败的共同理解会影响其创造力备受关注。基于以上研究背景和问题的描述，本研究拟以研发团队为研究对象，以多层次和动态发展为研究视角，通过文献总结和归纳，构建和验证了目标取向对创造力的多层次影响及追踪研究模型。为了深入探讨目标取向如何影响个体及团队创造力，并阐释其动态演化关系过程，展开了一系列的研究，具体研究目可以概括为：

（1）构建并验证了目标取向与创造力的多层次影响模型。已有学者指出目标取向因其注重知识和技能的获取、关注能力发展及避免负面评价（Vandewalle，1997），从而与创造力成分模型中的技能获取和内在任务动机紧密相关，并且与创造力产生的过程具有显著的相关性（Gong et al.，2009；Hirst，Van Knippenberg & Zhou，2009）。然而，在中国情景下的已有研究中，多数研究聚焦于教育学，且倾向于同一层次研究。基于此，在借鉴国外研究框架的基础上，通过理论推导构建了目标取向对创造力的多层次影响模型，为后续研究提供条件。

（2）分别在个体和团队层次探究目标取向影响创造力的中介和调节机制。目前，在目标取向影响创造力过程的相关研究中，绝大多数学者关注社会学习、信息交换等的中介作用，缺乏对其他因素的探讨。同时，组织行为领域的多层次理论认为，个体行为不仅仅受个体特征的影响，还会受到个体所处团队乃至组织层次的情景因素影响。因此，本研究拟在已有研究的基础上，基于多层次研究视角，构建并验证了目标取向对创造力的多层次影响模型，以探究目标取向影响创造力的中介和调节机制。其一，在团队层面，基于团队自省研究视角，验证了团队自省在团队目标取向与团队创造力关系间的中介作用；其二，在个体层面，验证了团队自省作为团队情景因素，一方面，会对个体创造力产生直接影响，另一方面，会在个体目标取向与个体创造力关系间起到调节作用。预期的研究结论将有助于我们从多个视角解释目标取向与创造力关系研究中的"作用黑箱"。

（3）探究个体创造力与团队创造力的关系。在个体创造力与团队创造力关系方面，以往的研究归纳为"聚合观"和"过程观"两类观点。其中，"聚合观"认为团队创造力取决于团队内个体成员的创造力平均水平（Pirola-Merlo & Mann，2004）；"过程观"则认为团队创造力并不只是个体创造力的函数，还取决于团队创造过程的其他方面。本研究拟采用后者的观点，并采用实证研究方法探讨如下关系：第一，个体创造力的平均水平与团队创造力的关系；第二，个体创造力的平均水平向团队创造力转化的过程机制。预期的研究结论将进一步为理清个体创造力与团队创造力的关系提供实证依据。

（4）探讨目标取向与创造力的动态演化关系。已有研究表明，目标取向与创造力之间存在静态的相关关系，然而从静态分析视角无法验证目标取向与创造力之间的因果关系，其研究结论的稳定性也会受到质疑。本研究在借鉴 IMOI 动态研究范式和 ASD 动态演化框架的基础上，通过追踪研究和解释性案例研究，探讨了目标取向与创造力的动态演化关系，以期为与创造力有关的追踪研究课题提供可借鉴的动态研究思路。

1.3.2 研究意义

首先，本研究拟以研发团队为研究对象，通过对文献的梳理，构建并验证了目标取向对创造力的多层次影响模型；其次，本研究采用实证研究方法和解释性案例研究，验证了团队目标取向与团队创造力的动态演化关系；最后，针对研究内容，归纳总结出有助于丰富和拓展创造力研究的深度和理论边界，形成理论贡献和实践价值。

1.3.2.1 理论意义

在文献梳理的基础上，本研究采用多层次分析方法和追踪研究设计，揭示了目标取向与创造力的多层次影响及动态演化关系，这一定程度上拓展和丰富了目标取向与创造力的关系研究，也为企业管理者管理和干预创造力提供了可借鉴的理论依据和指导。

具体而言，本研究的理论意义主要体现在以下四个方面：

（1）本研究有利于揭示不同的目标取向对创造力形成的影响。已有研究认为学习目标取向与创造力存在正相关关系（Gong et al., 2012）；然而，也有研究认为证明取向、回避取向与创造力的关系主要取决于外部评价的影响（Hirst et al., 2009），两者之间没有直接影响。因此，本研究基于已有研究发现，通过假设推演，采用实证研究方法，探讨中国情境下不同目标取向与创造力的关系。预期研究结论有利于进一步揭示不同目标取向与创造力间的关系。

（2）本研究有利于阐明团队自省在团队和个体层次上的不同行为效应。主要体现在两个方面：一方面，目标取向理论被越来越多地用来解释个人心理气氛和工作团队气氛的构建，而团队气氛则有利于团队成员共同理解——团队自省；且团队自省有利于提升团队创造力，这有利于将团队自省作为中介变量引入团队目标取向与团队创造力的关系中，为探究创造力影响因素的"黑箱"提供了新的研究视角。另一方面，特征激活理论（Chen & Kanfer, 2006）及情景力量理论（Mayer, Dalal & Hermida, 2010）认为个体行为（或者行为绩效、行为意图）的形成是个体与情景共同作用的结果，且情景因素还会对个体行为产生直接的影响。因此，本研究拟采用实证研究方法检验团队自省作为重要的情景因素对个体创造力产生重要的影响，且跨层次调节个体目标取向与个体创造力的关系。预期研究结论有利于揭示个体目标取向影响个体创造力的调节机制，为探究创造力影响因素的"边界"提供了新的研究视角。

（3）本研究有利于揭示个体创造力向团队创造力转化的关键过程因素。本研究采用实证研究方法试图探讨个体创造力与团队创造力的关系，主要研究思路包括：个体创造力的平均水平与团队创造力之间是否存在相关关系；

个体创造力是否通过创造力支持氛围向团队创造力转化。预期的研究结论将为厘清个体与团队创造力之间的关系提供理论依据。

（4）本研究有利于揭示目标取向与创造力的动态演化关系。以往关于创造力的研究多数都秉承静态观点，本研究遵循 IMOI 动态研究范式和 ASD 动态分析框架，构建了目标取向与创造力的动态演化关系模型，并通过追踪研究和解释性案例研究对其模型进行了验证。预期研究结论不仅解释了创造力的时间效应，也为未来创造力研究的追踪设计提供了一个可借鉴的动态分析框架。

1.3.2.2 实践意义

目前，围绕目标取向与创造力的关系研究较为缺乏，这会导致管理者和员工在实践过程中缺乏理论指导，面临一些现实问题。第一，由于证明取向、回避取向与创造力的关系并不明确，管理者和员工很难判断目标取向哪些因素会促进或阻碍创造力的提升，以及应该培养哪种目标取向？同时，管理者应采取哪些中间环节可以提升创造力？第二，由于组织行为存在于动态运作过程中，静态研究目标取向对创造力的作用关系容易陷入"形而上学"的矛盾，因而应探讨两者的动态关系才能更好地指导实践。

本研究在文献分析的基础上，采用多层次和动态研究视角，探讨了目标取向与创造力的多层次影响及动态演化关系，其预期研究结论具有一定的实践意义，主要体现在：

（1）探讨不同目标取向与创造力的关系研究，有助于管理者和员工明晰不同目标取向所产生的创造力效应，进而更有针对性地加以合理利用，从而发扬目标取向对个体和团队创造力的积极影响，抑制其不利影响，并最终激发员工及团队创造力。

（2）对目标取向影响创造力的中介和调节机制的探讨，有助于剖析多层次因素影响创造力的作用过程，有利于管理者一方面了解通过哪些中间环节可以提升创造力，另一方面明晰个体目标取向影响个体创造力的边界条件。因此，对于团队管理者而言，可以采取相应的措施促进团队内的中介环节，进而提升团队创造力水平。同时，增加对个体目标取向个体创造力转化的边界条件的理解，增强目标取向与边界条件的交互对创造力提升的积极作用，抑制其不利影响。

（3）对个体创造力与团队创造力关系的探讨，不仅为理清两者的关系提供了实证依据，而且有助于指导管理层采取积极措施推动个体创造力向团队创造力的转化。同时，本研究发现团队氛围在个体创造力向团队创造力转化的过程充当重要的过程变量，因此，团队管理者应该采取积极措施增加创造力支持氛围，例如，在团队中树立创造力标兵、增加对创造力的宣传等。

（4）探讨目标取向与创造力的动态演化关系，突破了传统的静态研究范式，有助于管理者更准确地把握两者关系的动态演化规律，进而在创造力发展的不同阶段采取有针对性的措施以提升创造力。

1.4　研究思路和方法

1.4.1　研究思路

根据文献综述的结果，本研究将采用科学的研究方法对研究问题展开研究，本研究整体遵循如下研究思路：

（1）确定研究论题。一个研究论题的来源可以有很多种，可以通过导师的课题指派，也可以通过自己对已有专业学术领域的了解，也可以通过对实践经验的发问等，也可以来源于自己的研究兴趣。本研究确定研究论题主要是起源于笔者导师的课题"社会网络与团队创造力的多阶段循环演化机制研究"，且此课题是国家自然科学基金面上项目，其本身就具有前沿性和实践价值。同时，笔者又结合创造力成分模型和组织三层次的创造力理论模型（Woodman, Sawyer & Griffin, 1993），将基于成就动机的目标取向引入对创造力的影响模型中，进而探讨其对创造力的多层次影响及动态演化关系。另外，科研团队是最具有创造力的单元，因此，笔者选定企业中的研发团队作为研究对象。

（2）进行文献收集和梳理。分析选题和确定研究对象后，对相关文献资料进行收集和梳理，文献的收集方式主要来自同济大学学校图书馆提供的电子数据库和纸质数据库，针对 Elsevier Science、EBSCO、ProQuest、Science Direct、Emerald、中国学术期刊和"台湾博硕士论文知识加值系统"中收录的，与 goal orientation 和 creativity 相关的文献进行检索。此外，查看了 2000~2014 年关于创造力和创新的报纸和网站内容，作为背景资料进行梳理。

（3）确定具体研究框架以及研究方法。在文献阅读和梳理的基础上，提出了具体的研究目的，并确定研究框架。研究最终确定以两个主题研究为基础的框架，分别是：第一，目标取向与创造力的多层次影响关系；第二，团队目标取向与团队创造力的动态演化关系。

与此同时，确定两个研究主题之后，针对不同的研究内容选择适当的研究方法。针对第一个研究主题，拟通过文献梳理构建研究假设，并通过问卷调查的方式验证目标取向与团队创造力的多层次影响关系；针对第二个研究主题，本研究通过基于两次数据收集的追踪研究和解释性案例研究进行论证，以便更好地揭示目标取向与创造力的动态演化关系。

（4）形成研究结论与启示。对本研究进行总结，从理论贡献和指导意义两方面归纳本研究的理论进展，形成现实启示，并针对本研究的局限和展望进行概括。

1.4.2 研究方法

李怀祖（2004）强调，科学研究的重复性原则要求研究过程必须结合多种分析方法，以保证研究结论的准确性。本研究根据研究目的和内容，遵循质性研究与定量研究相结合的思路，力求能够保证优势互补相互印证，从而提高此次研究的可靠性和可信度，主要采用文献研究、多层次研究、案例研究和统计分析等研究方法。

1.4.2.1 文献研究

本研究通过对已有文献的系统梳理，在理论总结与归纳的基础上，构建了目标取向对创造力的多层次影响及动态演化模型。

1.4.2.2 多层次研究

本研究所考察的变量涉及个体和团队两个层次，数据呈现出明显的嵌套特点。如果数据的处理仅仅在个体水平进行，会忽略个体的群体身份，致使观察到的效应既包括个体效应也包括组织效应，会低估估计的标准误；但如果将所有的变量都作为群体变量进行处理，又会放弃了大量的个体信息，有可能使原本显著的效应因分组特性与研究变量无关而变得不再显著。多层次线性模型可以对个体水平和群体水平的数据同时放入模型进行分析。因此，本研究采用多层次分析方法验证目标取向与创造力的多层次模型。

1.4.2.3 案例研究

案例研究方法是管理理论构建和理论改进的重要研究方法，适合研究"怎么样"和"为什么"这两类问题。本研究遵循 IMOI 动态研究范式，通过多案例及追踪设计方法，探讨目标取向与创造力的动态演化关系。

1.4.2.4 统计分析

为了检验本研究构建的理论模型，研究者在问卷调查基础上，采用多种统计方法对模型进行检验。首先，采用描述性统计、相关分析、CITC、正态性检验等方法对数据进行初步预处理；其次，采用验证性因子分析对研究变量的结构模型进行验证；最后，采用 HLM 分析、多元回归等方法对多层次模型进行验证。

1.5 研究的技术路线图及结构安排

1.5.1 技术路线

依据研究目的和内容，本研究分为四个阶段：文献综述、理论模型构建、模型验证及结论分析。具体的研究技术路线如图 1.1 所示。

图 1.1 本研究的技术路线

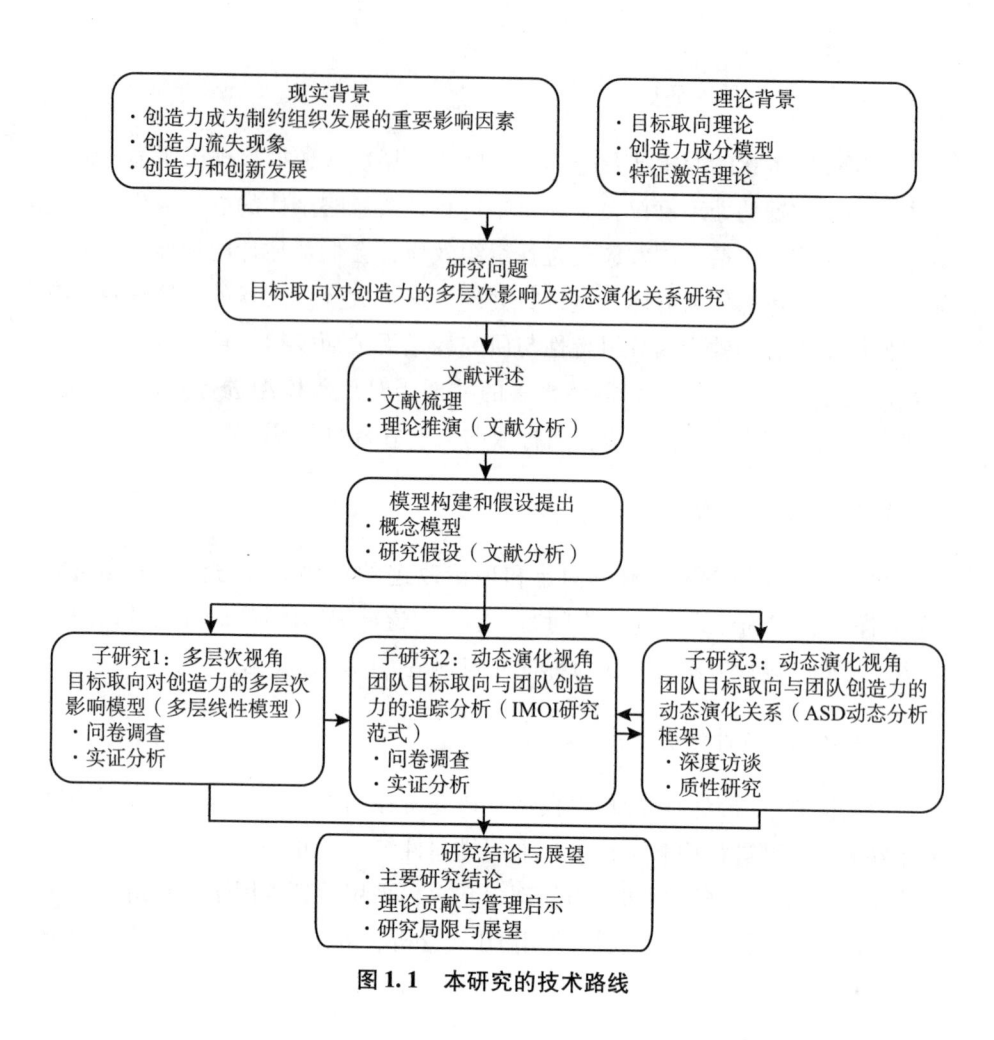

1.5.2 结构安排

本研究基于文献分析和归纳，构建了目标取向对创造力的多层次影响及动态演化关系模型，具体的结构安排如图 1.2 所示。

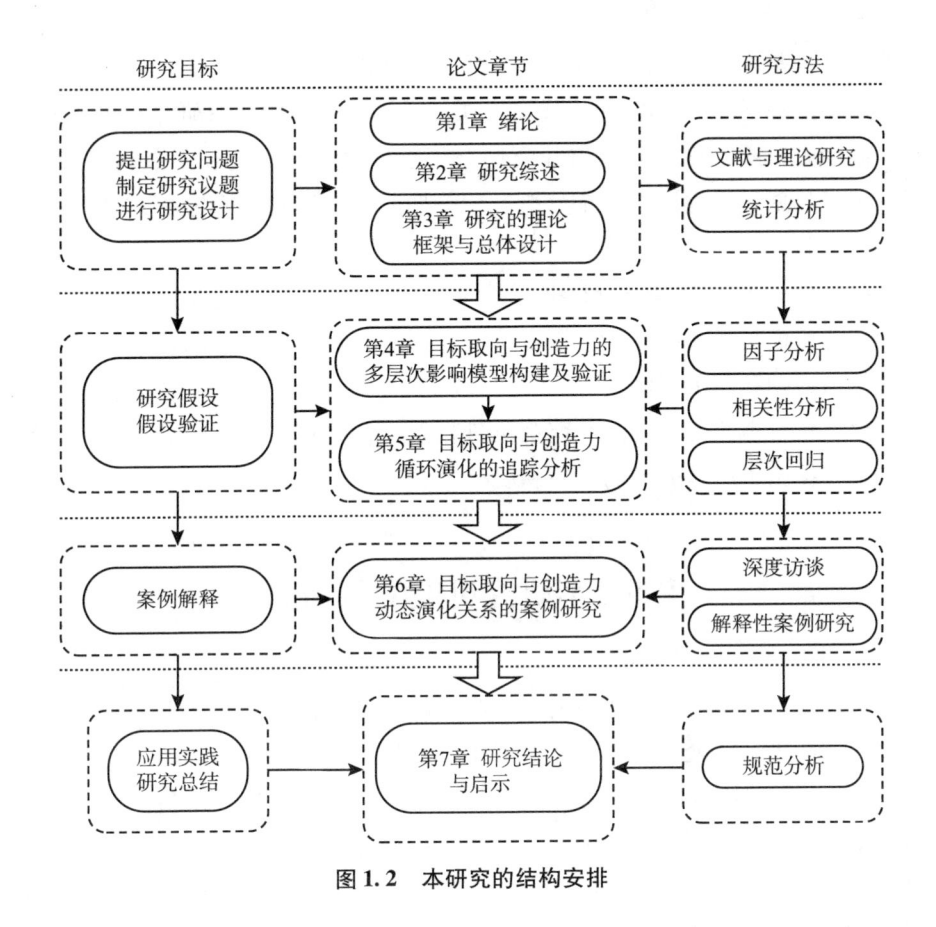

第 1 章 | 绪　　论

```
研究目标              论文章节              研究方法

┌─────────┐      ┌──────────────┐      ┌─────────┐
│提出研究问题│      │  第1章 绪论   │      │文献与理论研究│
│制定研究议题│─────▶│第2章 研究综述 │─────▶│  统计分析  │
│进行研究设计│      │第3章 研究的理论│      │           │
└─────────┘      │  框架与总体设计│      └─────────┘
                 └──────────────┘

┌─────────┐      ┌──────────────┐      ┌─────────┐
│         │      │第4章 目标取向与创造力│      │  因子分析  │
│研究假设  │─────▶│的多层次影响模型构建及验证│◀────│ 相关性分析 │
│假设验证  │      │第5章 目标取向与创造力│      │  层次回归  │
│         │      │循环演化的追踪分析  │      │           │
└─────────┘      └──────────────┘      └─────────┘

┌─────────┐      ┌──────────────┐      ┌─────────┐
│         │      │第6章 目标取向与创造力│      │  深度访谈  │
│案例解释  │─────▶│动态演化关系的案例研究│◀────│解释性案例研究│
└─────────┘      └──────────────┘      └─────────┘

┌─────────┐      ┌──────────────┐      ┌─────────┐
│应用实践  │─────▶│第7章 研究结论 │◀────│  规范分析  │
│研究总结  │      │   与启示     │      │           │
└─────────┘      └──────────────┘      └─────────┘
```

图 1.2　本研究的结构安排

第 1 章首先介绍了问题的研究背景，进而提出结合现实背景、理论背景与课题背景的研究问题；在此基础上，提出了研究目的、意义、思路、方法及相应的技术路线和结构安排；最后，提出了本研究可能的创新点。

第 2 章总结与本研究密切相关的创造力理论、目标取向理论和特征激活理论，阐明本研究的研究理论基础，有助于研究问题的进一步明晰及理论模型的构建。

第 3 章在文献综述的基础上，整合本研究的相关基础理论，设计研究的总体框架。

第 4 章通过文献分析和归纳，构建了目标取向对创造力的多层次影响模型，并通过大样本数据调查获取数据，然后，对数据进行验证性因子分析、

· 15 ·

相关性分析及多层线性回归分析，进而对模型进行验证。

第 5 章基于 IMOI 动态研究范式和关于动态研究中的已有研究，构建了团队目标取向对团队创造力的追踪模型，并通过两次数据追踪获取动态数据，然后，对数据进行验证性因子分析、相关性分析及层次回归分析，进而对模型进行了验证。

第 6 章基于 ASD 动态分析框架，构建了团队目标取向与团队创造力的动态演化关系模型。本研究通过深度访谈和逻辑分析探究了团队目标取向影响团队创造力的动态关系演化。

第 7 章对本研究内容及研究结论进行总结，并对文中有待进一步深入研究的地方提出了后续研究的方向和展望。

1.6　本研究可能的创新点

通过对目标取向与创造力的多层次影响及动态演化关系的深入探讨，本研究可能的创新之处主要体现在如下几个方面：

（1）基于创造力成分模型和目标取向理论，本研究构建了目标取向对创造力的多层次影响模型，从个体和团队层次上分别探讨了不同目标取向与创造力的关系。这不仅从多个层次上丰富了目标取向与创造力的研究，还深化了对创造力形成的认识。

虽然以往关于目标取向与创造力的研究也构建了多层次模型，但是，其过多关注了团队层次的目标取向对个体和团队创造力的影响（Gong et al.，2013），或者探讨群体情境在个体目标取向与个体创造力关系中的作用，这忽视了从多个层次对目标取向与创造力的关系整体认知。同时，证明取向与回避取向与创造力的关系并不明确，取决于特定心理或行为过程。基于此，本研究通过对文献梳理和推演，阐明了证明取向、回避取向与创造力的关系，进一步深化了对目标取向与创造力关系的认识。

（2）将团队自省引入目标取向与创造力的多层次影响模型中，探讨团队自省在个体和团队层次中产生的不同行为效应，不仅突破了以往仅从团队学习、信息交换等视角探讨两者关系的局限，为探究团队目标取向影响团队创造力的"过程黑箱"提供了新的研究视角，还为探究个体创造力影响因素的"边界"提供了新的研究视角。

（3）依据创造力的"过程观"，通过文献分析和推演，本研究构建了个体创造力影响团队创造力的关系模型，并将创造力支持氛围引入其中，探讨个体创造力的平均水平通过创造力支持氛围自下而上对创造力产生积极影响。这为厘清个体创造力和团队创造力之间的关系提供了实证依据，并为探讨两者之间的转化提供了新的视角。

（4）结合两次数据收集的纵向追踪研究和基于 ASD 动态分析框架的解释性案例研究，本研究深入探讨了目标取向与创造力的动态演化关系。这不仅突破了以往横截面数据中静态研究的局限，实现对目标取向与创造力的动态演化关系的论证，还为未来创造力的动态研究提供了可供参考的动态研究框架。同时，此项研究既是对研究难点的突破，又是对研究思维逻辑的创新。

1.7　研　究　小　结

本章首先从现实背景、理论背景与课题背景对此次研究背景进行总结概括，并对此提出了预备的研究问题，从而针对研究的问题，对研究目的和存在的研究意义进行了归纳，以形成研究设想和研究设计。研究设计包括研究思路、研究方法、研究结构安排和框架、研究技术路线图和研究可能的创新点。由于本研究涉及的研究内容在每个章节中都会进行详细的阐述，本章只作总体概括。

在第 2 章和第 3 章将具体介绍目标取向与创造力的相关研究文献和具体的理论基础与研究构思。目标取向与创造力的多层次影响及动态演化关系主要分为两个部分：第一，目标取向与创造力的多层次影响关系研究；第二，目标取向与创造力的动态演化关系研究。前者的具体研究内容在第 4 章，后者的具体研究内容在第 5 章和第 6 章，第 7 章进行研究总结。

| 第 2 章 |
研究综述

文献综述部分通常用于描述前人所做的研究工作，并对研究问题的理论背景和贡献进行阐述（李怀祖，2004），有助于提出和明确研究问题（风笑天，2001）。本章通过对相关研究的梳理，为本研究理论模型的构建奠定了理论基础。鉴于本研究探讨的是目标取向与创造力的多层次影响及动态演化关系研究，本章的主题内容包括：第一，从创造力（个体创造力、团队创造力）内涵、测量、影响因素、多层次研究等方面对创造力相关研究进行梳理；第二，对目标取向相关研究进行回顾，从目标取向的内涵、维度结构、影响因素、研究主线及结果变量等多个方面对相关文献进行系统梳理；第三，目标取向与创造力的关系研究中所取得研究进展及相应的研究局限和有待解决的问题。

2.1 个体创造力相关研究综述

众所周知，创造力是创新的源泉与基础，要

提高组织创新能力,就必须提高企业员工的创造力(Amabile et al.,1996)。而要想提高员工创造力,就要对创造力的内涵和影响员工创造力的关键因素加以明确,进而采取针对性的措施来取得成效。1950年之后,出现了针对创造力(creativity)的系统研究,经过美国著名心理学家吉尔福德(Guilford)的大力倡导,该类研究的理论和方法都取得了较大的进展。后来,创造力研究逐步扩散到管理学领域,研究成果日益丰富。

本研究从创造力的内涵、测量及影响因素等方面进行文献回顾和梳理,明确创造力领域已有的理论进展和尚待探讨的研究问题。

2.1.1 个体创造力的内涵

本研究的核心概念之一即为个体创造力,为了在研究中清晰并科学地界定个体创造力的概念,就要全面了解现有的定义以及它和创新之间的区别。为了更好地把握其含义,本研究首先回顾创造力的四种定义并阐述创造力与创新之间的区别。

2.1.1.1 定义

"creativity"在国内有多种翻译,如"创造""创造性""创意""创新力"甚至"创新"等。罗兹(Rhodes,1961)通过收集50多种针对创造力的定义,总结归纳出创造的4P因素:环境(place)、产品(product)、过程(process)、创造者(person),他认为创造力是一个整体,包含着"创造者与环境的互动""创造的成品""创造的过程""创造者的人格特质"。

关于创造力的定义,虽然众说纷纭,但大致分为以下四种观点:

(1)人格特质论。持人格特质论观点的学者们认为,创造力是一些特殊类型的个体身上所固有的一种人格特质。吉尔福德(Guilford)在1950年的美国心理学会上讲道:"创造力从狭义的角度来说是指人们特有的能力,创造性人格的问题即为心理学家要研究的问题。"持人格特质论观点的研究者通过对高创造力人才的人格特征进行分析,想要找到此类个体所拥有的超乎常人的人格特征。但此种定义侧重于解释影响创造力的因素,而不是对创造力进行定义,往往混淆了创造力的本质与影响创造力的因素。

(2) 过程论。持过程论观点的学者认为，个体创造活动的过程即为创造力。例如，托兰斯（Torrance，1963）认为，创造力是意识到成分的缺失或缺口，对此形成新的假设，对这些假设进行验证并综合其结果，甚至对这些假设进行修正以及再验证的过程；瑞波（Reber，1989）认为创造性是导致独特而新颖的观念、解决方案、艺术形式、概念化、产品或理论的心理过程；伦纳德和斯沃普（Leonard & Swap，1999）认为创造力是研发和表达可能有用的新奇点子的过程。进一步地，此类观点着重强调创造力的实践性，探讨创造活动经历哪些阶段。例如，华莱士（Wallas，1926）认为创造过程必须经历四个阶段：第一，准备阶段（preparation），收集相关资料，对新旧知识进行融合；第二，酝酿阶段（incubation），暂时搁置问题，在潜意识里继续思考如何解决问题；第三，顿悟阶段（illumination），顿悟解决问题的方法；第四，验证阶段（verification），将顿悟的观点付诸实施，检验其可行性。

(3) 结果论。持结果论观点的学者认为，创造力即为个体创造活动的结果（或成果）。例如，阿马比尔等（Amabile et al.，1996）认为创造力指的是新颖的、有用的想法、流程、产品、服务或方法的产生；奥尔德姆和卡明斯（Oldham & Cummings，1996）认为创造力就是产生有原创性的、新颖的或者是重要且有用的想法、产品或是流程；周和乔治（Zhou & George，2001）认为个体创造力就是有潜在价值的、新的想法的产生，这种想法与新的服务或产品、新的管理流程和新的生产方法有关。根据这些学者的观点，创造力的界定具有两个标志性的特征：第一，新颖性或独创性（novel or original）；第二，适用性或有用性（relevant for，or useful to，an organization）（Oldham & Cummings，1996）。

本研究赞同创造力的结果论定义，倾向于将创造力视为一种结果，把个体创造力无形中转换成了对创造成果创造性水平的评估，更具有测量的可操作性，从而有利于进行实证研究。

(4) 能力论。持有能力论观点的学者认为，创造力就是一种创造的能力。例如，吉尔福德（Guilford，1986）认为创造力是个人产生新的想法、产品，或对现有的想法或产品进行融合并将之结合为新的形式的一种能力；斯滕伯格和鲁巴特（Stemberg & Lubart，1991）把创造力定义为一种创造既新颖又适用的产品的能力。国内学者对创造力的定义相对倾向于能力论。例如，赵业和李明岩（2004）指出创造力是运用积累的知识和经验在创造性活动中，为了解决问题，产生新设想的创造思维能力和做出新成果的一种创造性技能；贺文坤（2008）认为创造力是指拥有不同个性特质的个体在已有的知识和信息基础上，通过协同周边的环境，提出新颖、独特且有价值的事物，来解决问题的能力；郑建君等（2009）在对创造力与创新绩效间的关系进行研究时，采用"创新能力"一词来直接替代"创造力"。能力论其实是早期的人格特质论与后期的结果论相结合的产物，一方面它指出创造力是个体的一种能力，另一方面它又通过创造的结果（或成果）来体现。

2.1.1.2 创造力与创新的区别

"创造力"（creativity）与"创新"（innovation）的定义与界线在国内外的学术研究中是相当模糊的，在某些层面上又可以相互替代或是意义重叠（Ford，1996；Scott & Bruce，1994；薛靖，2006）。

斯考特和布鲁斯（Scott & Bruce，1994）认为，个体创新从问题的确认开始，包括产生新想法或解决方案，这个想法有可能是新颖的，也有可能会被采用，然后是创新的个体为自己的想法寻找支持者，最后是将新想法"产品化"，即：将这个想法变成切实可行的产品。斯考特和布鲁斯（Scott & Bruce，1994）把个体创新行为分为三个阶段：第一，问题的确立以及产生新想法或解决方式；第二，寻求对其新想法的支持；第三，借由产生创新的标准或模式，使其可以被大量制造、扩散，进而被大量使用，最终实现其新想法。周和乔治（Zhou & George，2007）指出，个人创新行为的表现程度不应该仅仅单指新想法的本身，还应该包括新想法的产生、内容、推广和发展执行方案，这样才能够确保新想法可以被有效地执行。克莱森和斯特里特（Kleysen & Street，2001）回顾与总结了28篇文献中提及的289项创新活动，归纳出个人创新行为应该包含产生构想、评估构想、寻找机会、支持以及应用五个维度。这些研究者都认为个体创新是组织创新的起始点。

一些学者从过程的角度来区分创造力和创新。阿马比尔（Amabile，1988）指出，创造力是由个人所发展出来的新奇的且有用的产品或想法，而现今对创新的大多数定义，都包含了创造力的"产生"与"执行"。伦纳德和斯沃普（Leonard & Swap，1999）将"研发及表达可能有用的新想法的过程"定义为创造力（creativity），而将"在新奇、有意义、有重要价值的新产品、过程或服务中，知识的具体化、综合以及合并"定义为创新（innovate）。韦斯特（West，2002）认为创造力是新想法的产生，而创新则是新想法在实践中的应用，即：创造力是想出新的东西，而创新就是实施新的东西；创新包括两个阶段，即新想法的产生阶段——创造力，以及接下来的新想法的实施阶段——在工作中实施新的和改进的产品和服务（薛靖，2006）。现在，学者们所达成的共识是：创造力是必须产生新奇且实用的想法，而创新则必须是采用并执行这些新想法，创造力是创新活动的起源，创造力的成果就是创新（Amabile et al.，1996）。此外，学者们还发现创造力和创新发生的层次不同。创造力发生在个人层次和团体层次，虽然创新也会发生在个人层次，但大多发生在组织层次甚至行业层次（Ford，1996）。

可以看出，创新的概念比创造力的概念更加广泛。一方面，创造力为新想法的产生并通过创新的实施阶段来实现，而创新还包括对组织内现有产品或流程的革新以及组织外产生的新想法的实施（Woodman，Sawyer & Griffin，1993）。另一方面，创新与商业价值相联系，创新不仅包括科技方面，也包括经济或社会环境的改变。

2.1.2 个体创造力的维度与测量

为了更好地设计个体创造力的测量量表，本研究对个体创造力的维度与测量进行回顾。以下对创造力的维度、测量方法和常见量表等方面进行归纳。

2.1.2.1 个体创造力的维度

与创新被划分为多个维度不同，由于创造力的定义清晰（通常被定义为新颖、有用想法的产生），个体创造力通常被认为是单维度概念。例如，阿马比尔等（Amabile et al.，1996）在研究组织创新氛围对创造力的影响时，与组织创新氛围被分为多个维度不同，创造力只有一个维度；提艾米等（Tiemey et al.，1999）在研究个人认知方式、个人内部动机和领导成员关系对创造力的影响时，为了使创造力与创新得到有效区分，也专门限定创造力为创造性想法的产生，采用单维量表来进行测量。

当然，也有学者认为创造力具有多维度结构。例如，昂斯沃思（Unsworth，2001）将创造力划分为两个维度——两个 W（why & what），其中，"why"指的是为什么参与创造活动，即创造力的驱动力是内部驱动还是外部驱动，"what"指的是引发创造力的起始状态是什么，即需要发挥创造力的问题的类型是开放性还是封闭性。基于这两个维度，他将创造力划分为四种类型，分别是贡献型创造力（contributory creativity）、前摄型创造力（proactive creativity）、响应型创造力（responsive creativity）以及期望型创造力（expected creativity）。斯滕伯格（Sternberg）于 1988 年在《创造力的性质》一书中提出，创造力包括三个既相互独立又相互联系的维度：创造力人格维度、创造力智力维度、创造力智力方式维度。但多维度划分仅仅停留在理论探讨上，缺乏相应的实证研究（Sternberg，1988）。因此，目前在管理学领域尤其是组织行为学领域，个体创造力的概念倾向于单维度是研究的主流。

2.1.2.2 个体创造力的测量

目前，个体创造力的测量大体分为三种类型：主观评价、客观评价和主客观评价结合。

（1）主观评价即通过量表来评价员工的创造力，通常由员工的直属上级来评价该员工的创造力。斯考特和布鲁斯（Scott & Bruce，1994）通过实地访谈的方法来开发员工创新行为量表用以测量员工创造力，例如，"产生创造性想法""寻找新技术、流程、工艺和产品创意""制订充分的计划和安排来实施新想法"等。乔治和周（George & Zhou，2007）在斯考特和布鲁斯的创新行为量表中选取 3 个题项，然后根据研究的需要设计了其余 10 个题项，构建了员工创造力量表。该量表体现了创造力的三个方面：创造性思维技能、专门知识和内部任务动机。例如，"为了提高绩效而提出新颖、有用的想法""为了实现目标建议新方式""提出解决问题的创造性方法"等。贝尔和奥尔德姆（Baer & Oldham，2006）、马贾尔（Madjar，2008）、张和巴托尔（Zhang & Bartol，2010）都在研究中测量创造力时采用该量表或者其中的典型题项。此外，奥尔德姆和卡明斯（Oldman & Cummings，1996）、提艾米等（Tierney et al.，1999）、塔加尔（Taggar，2002）、佩里-史密斯（Perry-Smith，2006）根据阿马比尔（Amabile）的创造力定义，从结果导向的角度来测量员工的创造力,对个体产生想法的新颖性和有效性进行考核。

(2)客观评价。部分学者以创造力的结果观为基础,采用客观指标对员工的创造性绩效进行衡量,以此判断员工创造力的高低。客观指标着重强调创造性绩效的数量、新颖性和实用性程度。提艾米等(Tierney et al.,1999)认为客观评价与主观评价的结果是不一致。马贾尔和奥尔德姆(Madjar & Oldham,2002)认为偏好、晕轮效应等因素可能会影响到主管,导致其对下属创造力的评价中存在偏差,因此用客观指标来衡量可能会使员工的创造性绩效得到更准确地体现。谢莉(Shalley,1995)进行的实验室研究,采用48名大学生作为样本,大学生从公司人力资源主管的角度出发,对一系列问题提出解决方案,外部专家对所有解决方案的创新性进行评分,个体的创造力得分即所有方案得分的平均值。廖等(Liao et al.,2010)在对一家中国钢铁企业进行调研时发现,工程师向人力资源部提交有关生产流程创新和新产品开发方面的书面建议书可以获得奖励,他们认为个体创造力的水平体现在有关生产实践和产品和新颖想法的质量和数量,因此衡量创造力的指标采用工程师获得的创造力奖励金额。

(3)主观与客观评价相结合。德威特(Dewett,2007)在研究研发人员的创造力与内部动机的关系时,从主观和客观这两个角度分别测量创造力。其中,主观评价即采用创造力量表来描述员工的创造性行为,如"新颖的、有用的且与工作相关的创意"等。员工创造力的客观评价指标即为来自技术组织/协会的奖励、提供给行业组织的研究论文的个人报告、专利申请以及专利奖励、发明披露书等指标的数量均值。此外,奥尔德姆和卡明斯(Oldman & Cummings,1996)从三个方面衡量员工的创造性绩效:员工的专利披露书、对建议系统的贡献度、上级对员工的创造性绩效评估。提艾米等(Tiemey,Farmer & Graen,1999)采用员工提供的发明披露表、上级对员工的创造力评价以及研究报告的数量和新颖性、有用性程度这三个指标来衡量研发人员创造力,研究认为上述指标是与创造性观点的产生有直接相关关系,因此可以对创造力与创新进行有效区分。

2.1.3 个体创造力的影响因素

系统回顾个体创造力的影响因素是提出个体创造力相关研究假设的理论基础。以下，首先介绍创造力的相关理论和模型，然后从个体和环境因素这两个方面总结个体创造力的前因。

2.1.3.1 有关创造力理论和模型

创造力研究自诞生以来，形成了众多的理论和模型，它们提供了创造力前因经验研究的理论支持，其中比较有代表性的有：

(1) 阿马比尔的创造力成分理论（componental theory）。1983年，阿马比尔（Amabile）提出了创造力的成分理论，之后在1988年发表的《组织中的创造力和创新模型》一文和1996年出版的《清境中的创造力》一书中进行了修正（Amabile et al., 1996），成为创造力研究的经典理论。该理论认为，任务动机（task motivation）、创造性思考的技能（creative-thinking skill）以及个体的专长（expertise）组成了个体工作创造力（Amabile, 1997）。其中，专长包括工作领域内的特殊的天赋、专业知识和技能；创造性思考的技能包括有利于对问题产生新视角的认知风格、产生新颖想法的启发性的知识、有益的工作风格；任务动机包括对待任务的态度、进行任务时对自己态度的知觉（陈晓，2006）。创造力水平的高低由这三种成分相互联系作用的结果所决定：三种成分的水平越高，个体创造性的程度就越高。其中，整个创造力的关键成分是任务动机，它分为内在动机和外在动机，决定了个体在活动中投入专业知识与创造性思维技能的程度。

阿马比尔（Amabile, 1997）在《激发组织中的创造力：关于做你热爱的和热爱你做的》一文中指出，环境对个体创造力发挥的程度和频率有直接并强烈的影响，这些环境包括资源（resources）、组织创新动机（organizational motivation to innovate）和管理实践（management practice）（见图2.1）。阿马比尔（Amabile, 1997）认为对动机产生的最直接、最强烈的影响是组织所提供的条件和进行的管理性干预，个体初始的动机水平受环境因素的影响，并且该因素能够促进员工自觉、自愿地努力提高专业知识和创造性思考的技能。

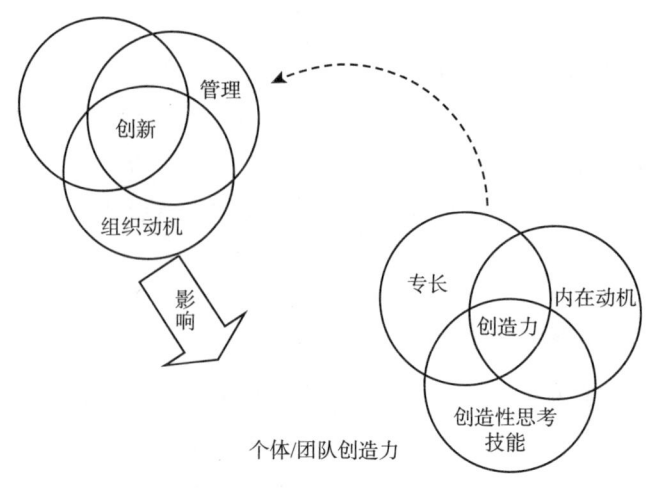

图 2.1 创造力成分理论

（2）斯滕伯格和鲁巴特（Stemberg & Lubart，1991）的创造力投资理论把创造力类比于投资，该理论认为，个体必须买低卖高（buy low and sell high）来获得创造力。具有增值潜力的想法而不是股票是这些个体投资的对象。新异与超前的想法是创造性个体的追求，这种想法在当前可能并未受到欢迎（买低），一旦这种想法得到大家的承认与重视，他们便让别人去追捧，以增加创造性产品的可能性（卖高），之后个体又转向其他新的想法。

斯滕伯格和鲁巴特（Stemberg & Lubart，1991）认为个体创造力依赖于个体所具有的六种资源，这六种资源分别是：第一，智力过程（intelligence process），即信息的输入、编码、加工、输出过程；第二，知识（knowledge），即个体已有的经验体系和知识结构（与工作相关）；第三，思维风格（thinking styles），即智力活动过程中的倾向性或风格，如局部或整体、创新或保守；第四，人格特征（personality），如毅力、对模糊性的容忍程度、自信、冒险等；第五，动机（motivation），个体活动的驱动力量是来自内部还是外部，强度如何；第六，环境（environment），对创造性思想的评价由环境决定，提供线索激发创造性的思想产生，并提供情境来促进与压抑创造性思想（Stemberg & Lubart，1991）。斯滕伯格和鲁巴特认为这六种资源既单独地又共同交互作用地影响创造力的产生，它们不同程度、不同侧面的结合可以使若干种不同具体领域中的创造力得以形成。这些创造力首先形成相应领域的创造性观念，最后变成可供评价的创造性产品。

（3）伍德曼等的创造力交互理论。伍德曼等（Woodman，Saywer & Griffin，1993）基于伍德曼和舍恩菲尔德在1989年提出的个体层面创造力交互理论，进一步将其发展成组织层面创造力交互理论（interactionist theory）。在这种理论的观点中，个体和环境交互作用的结果产生创造力，创造力行为与其所处环境中组织、团体、个体之间会不断地交互影响。

个体创造力是个体的人格因素（personality factors）、认知风格和能力（cognitive style and ability）、背景经历（antcedent conditions）、相关知识（relevant knowledge）、动机（motivation）、情境影响（contextual influences）、社会影响（social influences）的交互作用的结果。团队创造力不单单是员工创造力的加总，它是情境影响（contextual influences）、团队过程（group processes）、团队特征（group characteristics）、团队构成（group composition）和员工创造力交互作用的结果（Woodman，Saywer & Griffin，1993）。组织创造力是团队创造力与情境影响（如组织文化、薪酬制度、资源约束以及组织外部环境等）的交互作用的结果。组织创造力的结果体现为新的产品、服务、想法和流程等。

2.1.3.2 个体创造力的影响因素

在创造力的影响因素方面，研究者主要从个人因素与环境因素这两个方面进行研究。在研究的早期，学者们主要关注于个体的人格特征如何对个体创造力产生影响，之后转向了其他个体特征的差异，然后再逐渐转向环境因素对创造力的作用以及个人特征和环境的交互作用。

（1）个人因素。对创造力产生影响的个人因素主要包括人格特征、动机、认知风格、价值观、知识与技能等个体特征。

在研究的早期阶段主要关注人格特征对创造力的影响。斯滕伯格和鲁巴特（Stemberg & Lubart，1991）的创造力投资理论和伍德曼等（Woodman，Saywer & Griffin，1993）的创造力交互理论都认为创造力的重要来源是人格特征。在此基础上，奥尔德姆和卡明斯（Oldham & Cummings，1996）归纳了高创造力者具有的人格特质：容易被事物的复杂性所吸引、广泛的兴趣、高度的审美敏感性、敏锐的直觉、对模糊性的容忍和自信等。奥尔德姆和卡明斯（Oldham & Cummings，1996）将两家制造厂的171名员工作为样本，采用高夫（Gough）在1979年设计的创造性人格量表（CPS），进行了个体创造力人格对创造力的影响研究，其结果表明创造性人格量表得分与创造力显著正相关。

尽管在一定程度上，人格特征能够预测个体未来的创新绩效，但远远不足以探究创造力的个人差异。因而，学者对其他能够对创造力产生影响的个体特征进行了大量的研究，这些其他的个体特征有认知风格、自我效能感、学习倾向、工作动机、知识与技能、工作不满意、价值观等（Gong, Huang & Farh, 2009；Wbodman, Saywer & Griffin, 1993；Amabile et al., 1996；Stern-berg & Lubart, 1991；Ford, 1996；Tiemey, Farmer & Graen, 1999；Amabile, 1997）。

在这些个体特征中，学者们普遍关注知识与技能对创造力的影响。斯滕伯格和鲁巴特（Stemberg & Lubart，1991）的创造力投资理论和伍德曼等（Woodman, Saywer & Griffin, 1993）的创造力交互理论都认为知识是创造力的重要来源，知识会独立并与其他因素结合在一起对员工的创造力产生影响。知识与技能对创造力的重要作用也得到了阿马比尔（Amabile）的创造力成分理论的充分肯定。该理论认为，任务动机（task motivation）、创造性思考的技能（creative-thinking skill）和个体的专长（expertise）共同组成了个体工作创造力，这三种成分相互联系作用的结果导致了创造力水平的高低。其中，专长包括工作领域内的专业知识、专业技能和特殊的天赋；创造性思考的技能包括有利于对问题产生新视角的认知风格、产生新颖想法的启发性的知识、有益的工作风格。

一些学者关注于价值观对员工创造力的影响。例如，莱斯（Rice，2006）运用施瓦兹（Schwartz）的文化价值观维度，对埃及的员工进行了问卷调查，分析202份有效问卷的数据结果发现，具有自我导向价值观员工的创造力比具有顺从或权威价值观的员工创造力更高。

（2）环境因素。影响创造力的环境因素主要有领导风格、任务特征、组织氛围、评价与反馈、同事支持等。

适宜的组织氛围会促进员工的创造力。阿马比尔等（Amabile et al.，

1996)将创造力工作环境界定为组织成员对其所处的工作环境的感知,往往被称为组织创新氛围,涉及工作环境中与创造力相关的所有因素。创造力工作环境包括八个因素：工作压力(work load pressure)、组织障碍(organizational impediments)、组织鼓励(organizational encouragement)、工作团队支持(work group supports)、主管鼓励(supervisory encouragement)、自由度(freedom)、挑战性工作(challenging work)、充足的资源(sufficient resources)。这八个因素中,前面两个因素对个体创造力有阻碍作用,后面六个因素对个体创造力有促进作用。斯考特和布鲁斯(Scott & Bruce, 1994)基于过去有关创造力、创新和组织氛围的相关研究,把组织创新氛围分成两个因素,即"创新的支持"和"资源的支持",实证研究的结果发现,组织氛围中成员对"创新的支持"的认知程度与个人创新行为呈显著的正相关关系。

领导风格对员工创造力的影响。奥尔德姆和卡明斯(Oldham & Cummings, 1996)通过对两家制造厂的171位员工进行实证研究发现,一个促进创造力产生的工作环境可以由支持性的、非控制性的领导风格来创造,这些领导风格可以既直接正向影响创造力绩效,又可以与创造人格、任务特征一起对员工的创造力绩效产生共同作用。此外,贡等(Gong, Huang & Farh, 2009)的研究指出,变革型领导对员工的创造力起促进作用；提艾米等(Tiemey, Farmer & Graen, 1999)的研究表明,员工和上级的良性互动对员工的创造力起促进作用。

对于创造力与任务特征的关系,许多研究认为任务设计的方式会对员工的创造性产出产生影响,例如,奥尔德姆和卡明斯(Oldham & Cummings, 1996)的研究表明任务复杂性能够提高员工的创造力。谢莉(Shalley, 1995)的研究发现,设定的创造力目标能够使员工的创造力绩效得到有效提高。也就是说,创造性绩效可能会由于没有设立创造力的任务目标而降低。卡明斯和奥尔德姆(Cummings & Oldham, 1997)指出,在复杂的工作与支持的、非控制的领导风格同时存在的环境中,员工的创造性潜能可以得到最大限度的发挥,员工的创造力最高。

同事的支持能增进员工创造力。阿马比尔等(Amabile et al., 1996)的研究发现,在工作团队中当员工的同事互相支持和互相鼓励的时候,员工表现出的创造力水平更高。进一步地，卡明斯和奥尔德姆（Cummings & Oldham, 1997）指出，员工的创造力会由员工间的互动所激发，如果同事之间存在良性竞争，会提高员工的创造力。周和乔治（Zhou & George, 2001）的研究发现同事的支持程度越高，员工的创造力也越高。

此外，谢莉（Shalley, 1995）还研究了绩效评价对员工创造力的影响，周和乔治（Zhou & George, 2001）研究了同事反馈对员工创造力的影响。而且，不少学者关注了个体特征与环境的交互作用对创造力的影响。例如，奥尔德姆和卡明斯（Oldham & Cummings, 1996）研究了创造力人格特质与领导风格、任务特征的交互作用对员工创造力的影响；周和乔治（Zhou & George, 2001）研究了什么情境下工作不满意会对员工创造力产生促进作用。

有关个体创造力影响因素的归纳总结可参见表2.1。

表2.1　　　　　　　　　　创造力影响因素的代表文献汇总

	影响因素	研究文献
个体层面	个体特征	知识技能（Feldhusen & Goh, 1995）；性格（Feist, 1998; Barron & Harrington, 1981）；认知风格（Woodman et al., 1993）
	情绪	积极情绪（George & Zhou, 2007）
	动机	内部动机（Hulsheger et al., 2009）；自我效能感（Ford, 1996）；心理授权（Spreitzer, 1995）
	其他因素	社会网络（Perry-Smith & Shalley, 2003）；风险（Tesluk, Farr & Klein, 1997）；领导风格（霍伟伟和罗瑾琏，2011）
团队层面	团队领导	变革型领导行为（Amabile, 1996; Zhang, Tsui & Wang, 2011）
	团队特征	团队成员的工作年限（Mumford, 2003）；团队成员的社会类别多样性（Mannix & Neale, 2005）
	团队互动	共享心智模式（王黎萤和陈劲，2010）
	团队即时状态	团队凝聚力（Woodman et al., 1993）；创造性效能感（Shin & Zhou, 2007）
	团队冲突	任务冲突（De Dreu, 2006）；关系冲突（Jehn, 1995）；过程冲突（Jehn, Northcraft & Neale, 1999）；合作性冲突（Paulus & Nijstad, 2003）

资料来源：本研究整理。

2.1.4 个体创造力的研究小结

对员工创造力的研究依然处于当前研究的前沿领域，这说明员工创造力对于组织创新的重要性已经获得了普遍的认可，同时，员工创造力领域还存在着很多需要进一步探索的研究空白。通过梳理创造力的内涵、测量、影响因素方面的文献，可以总结已有的研究进展并展望日后研究的趋势。综观员工创造力相关文献，有如下主要结论：

（1）创造力的概念与创新的概念密切相关。虽然有些学者认为两者可以相互替代，但一些学者从过程的角度区分了创造力和创新。在个人层次上，创造力与创新的关系是：创造力是必须产生新奇且实用的想法，而创新则必须是采用并执行这些新想法；创造力是创新活动的起源，创造力的成果就是创新（Amabile et al., 1996）。

（2）虽然有学者将创造力视为多维度概念，但由于创造力的定义比较清晰，目前研究的主流还是倾向于将创造力视为单维度概念。创造力的测量有多种方法，但目前应用最多的一种方法是主观评价，当这种方法结合 Likert 量表一起使用时，既可以由主管进行评定也可以由员工进行自评。

（3）影响员工创造力的因素可以归结为个人因素和环境因素。其中，对创造力产生影响的个人因素主要包括人格特征、动机、认知风格、价值观、知识与技能等个体特征。

虽然在创造力的研究上取得了很大进展，但也存在着许多的研究空白，未来研究可以从以下几个方面进行：

（1）现有的研究大多基于西方的社会背景，研究结论是否能够推广到中国企业，还有待于进一步的检验。目前，国内学者更热衷于研究创新的影响因素，而创造力是创新的起点，对个体创造力的研究可以从源头上找出组织创新的决定性影响因素，因此研究影响中国组织内个体创造力的因素就更为关键。

（2）虽然个体特征中，研究者普遍关注动机对创造力的影响，特别是自主性动机和受控性动机；但以往的研究过多偏重于某一动机，而未将两者结合起来共同研究对个体创造力的影响;沿着这个思路出发,必将对创造力的研究带来新的贡献。

(3) 虽然有学者采用施瓦兹(Schwartz,1994)的文化维度,研究价值观因素对创造力产生的影响,但目前还缺乏在中国背景下对文化因素与创造力之间关系的研究。采用中国本土的文化概念,研究文化因素对员工创造力的影响及作用机理,将是期待填补的理论空白。

2.2 团队创造力相关研究综述

以创造力为核心的早期研究多聚焦于个人层面,旨在揭示和描述创造型个体的特征以及与创造力相关的个性特征、能力特征等(Barron,1955;Drazin, Glynn & Kazanjian, 1999)。关注团队创造力最早始于20世纪30年代的美国。随着"综摄法""头脑风暴法"等创造技巧的广泛应用,人们逐步熟悉团队层面的创造方法、过程和氛围(傅世侠等,2005)。但是由于"团队创造力"的概念在当时仍然是模糊且抽象,所以并没有获得理论界或实践领域的足够重视。到20世纪80年代以后,阿马比尔等(Amabile et al., 1996)拓展了创造力研究的范围,从个体这一心理学层面拓展到了团队乃至组织等社会心理学层面。1953年阿马比尔(Amabile)在《创造性社会心理学》(*The Social Psychology of Creativity*)一书中,率先提出了有关创造力结构的理论观点,并以此为基础进一步发展出情境中的创造力(creativity in context)理论(Amabile,1988)。至此,有关团队创造力的研究将创造力置于开放的团队氛围、社会环境中加以处理和考察,使得创造力这种综合的心理现象和能力从封闭、孤立的个体视角中获得解放(傅世侠等,2005),进而开辟了一个全新的学术研究领域。

2.2.1 团队创造力的内涵

实际上,个体创造力(individual creativity)概念延伸发展形成团队创造力(team/group creativity)。最初,学者们普遍认为只有个体才具有创造力,小团体创造力和个体创造力之间没有根本的区别（Amabile，1988）。随着在日常工作领域中应用并发展团队这一组织形式，人们逐渐意识到团队创造力不是个体创造力的简单加总，其中很可能存在某种"1+1<2"或"1+1>2"的作用效应；团队创造力应该是团队这个复杂系统在创造过程中所表现出来的一种整体特性（Leenders，Van Engelen & Kratzer，2003）。到目前为止，学术界对团队创造力概念的界定尚未达成统一，而学者们似乎并未急于达成一致的结论，从开放的视角来看待这个问题，反而对研究的深入和拓展有帮助。本研究对文献资料中曾出现过的团队创造力定义进行了系统的梳理和汇总，其具体内容可参见表2.2。

表2.2　　　　　　　　　　团队创造力概念总结

基本观点	文献来源	团队创造力概念	研究视角
团队创造力的聚合观：团队创造力是个体创造力的函数	Pirola-Merlo & Mann（2004）	团队创造力是团队内部所有成员在某个时点的个体创造力的平均值或加权平均值	创造主体特征
	Taggar（2002）	团队创造力是个体创造力的函数，并受到团队创造过程的调节作用	创造主体特征和创造过程
	Woodman，Sawye & Griffin（1993）	团队创造力是个体创造力的函数，是指在复杂社会系统中一起工作的个体，对有价值的、有用的新产品、服务、理念、方法和流程的创造	创造主体特征和创造产品
	傅世侠等（2005）	团体创造力专指以组织方式整合团体成员个体的创造力而发挥出协同效应过程中，所表现出来的团体的一种整体特性。进而言之，也可谓团体创造力是指作为创造主体的团体的创造性品质及其在创作成果中的具体体现	创造主体特征和创造产品
	丁志华、李萍、胡志新等（2005）	团队创造力是指团队在团队领导人的协调下，凭借团队合理的人才结构、知识结构、组织结构、团队成员的创造力和积极的创造行为，顺利进行群体创新，产生具有新颖性、独特性、社会价值和社会意义的创新成果的能力	创造主体特征和创造产品

续表

基本观点	文献来源	团队创造力概念	研究视角
团队创造力的整体观：团队创造力是团队层面的特有属性，具有特殊的运作规律	Barlow（2000）	团队创造力是团队所有成员思考问题角度的一种"顿悟式转换"	创造过程
	Brown（1989）	团队创造力是创造过程、创造产品、创造性个人和创造性环境的结合，以及它们互动的结果	综合视角
	Brown et al.（1998）	团队创造力是指团队的发散思维，它反映了相反产生过程的流畅性	创造主体特征和创造过程
	Drazin, Glynn & Kazanjian（1999）	团队创造力是团队层面的复杂创造互动过程	创造过程
	Kirk & Kent（1988）	团队创造力是许多个体在一起，以集体思考的方式尽可能多地提出设想，然后从中挑选一个适合需要的答案……所谓团队创造力，也就是集体式的创造性思考过程	创造过程
	Leonard & Swap（1999）	团队创造力是团队经过准备、创新聚焦、发散性思考、孵化和收敛性思考（选择）的创意产生过程	创造过程
	West（2002）	团队创造力是在外部需求的影响下，团队通过一系列创造过程，将团队任务特征、团队的多元化知识和技能等投入要素转化为创造性的产品、工艺、服务或工作方式等	综合视角

资料来源：本研究整理。

随着对团队创造力研究的发展和深入，广大研究者逐步认可团队创造力概念的多层次本质（Woodman, Sawyer & Griffin, 1993; Taggar, 2002; Drazin, Glynn & Kazanjian, 1999）。融合多方观点归纳来看，团队创造力研究的核心主要包括五方面的内容，即团队构成、团队创造的方法、团队创造的过程、团队创造的机制和团队创造的氛围。其中既包含静态的结构分析，也包含动态的流程追踪；既有理论层面的框架构建，也有操作层面的技术探索，蕴含了丰富而广阔的拓展空间。

2.2.2 团队创造力的维度与测量

2.2.2.1 团队创造力的测量维度

长期以来，创造力一直被认为是有关个体/群体行为、过程或成果的新颖性及有用性的社会价值判断（Amabile，1983；Amabile et al.，1996；Adarves-Yorno，Postmes & Haslam，2007；Amabile，Barsade，Mueller et al.，2005；Stemberg，1988）。因此，团队创造力概念也必然包含两个核心维度，即新颖性和有用性（Hanke，2006；Pirola-Merlo & Mann，2004；Sommer & Pearson，2007）。其中，新颖性（novelty）是指在以前从未出现过/与现有的存在显著差异的团队的某一行为、创造过程或创造成果（包括团队提出的想法/观点或开发的新产品/服务/技术等）；有用性（usefulness）是指该行为、创造过程或创造成果具备了一定的价值或使用价值。与其相似的维度还包括创造性（creativity）、独创性（originality）、创新性（innovativeness）（指能够满足市场需求并赢得消费者认可的创造成果）（Chen，2006；Chen & Chang，2005）。

在界定和衡量团队创造力时，如果从思维的发散性角度（divergent-thinking）出发，还可以进一步区分出其他维度因子，例如，流畅性、灵活性以及精密性等，这些维度因子与价值判断不同（Chirumbolo，Mannetti & Pierro et al.，2005；Choi & Thompson，2005；Kaufman & Sternberg，2007）。其中，测量团队提出新观点或想法的数量时可以应用流畅性（fluency）；测量团队提出的新观点或想法的种类时可以应用灵活性（flexibility）；而测量团队提出的新观点或想法的细致性时可以应用精密性（elaboration）（对各种方案的具体细节的考虑）。

基于以上分析，团队创造力是一个多维度的复杂概念，多因子组合测量模型的应用将构成未来团队创造力经验研究的主流。基于团队创造力概念中所包含的新颖性和有用性两个核心维度，本研究亦采用两维度构念进行研究。

2.2.2.2 团队创造力的测量

根据概念构建的基本思路，测量评估团队创造力可以从主体（创造性个人）、氛围（创造性环境）、行为（创造过程）和成果（创造产品）这四个方面切入并展开。团队内部领导和成员可以作为评估的主体（Pirola-Merlo & Mann，2004；Leenders，Van Engelen & Kratzer，2003），此外，团队以外的高层主管、客户、相关领域的专家或独立的研究观察者也可以成为评估的主体（Chirumbolo，Mannetti，Pierm et al.，2005）。个人的主观感受（Chen & Chang，2005；Isaksen & Lauer，2002）和客观的量化指标都可以作为评估的模式，例如，新产品、新工艺以及专利的数量等（Pirola-Merlo & Mann，2004）。

鉴于跨层次是团队创造力概念本身固有的特性，由团队成员通过自我报告的测量方法获得的数据需要统计聚合处理，通常使用的计算方法有：第一，用团队成员个体创造力的累计值、（加权）平均值或极大/极小值作为团队创造力的评价值（Taggar，2002；Pirola-Merlo & Mann，2004）；第二，用团队成员对团队整体创造力感知评价的（加权）平均值作为团队创造力的最终取值（Chen & Chang，2005；Isaksen & Lauer，2002）。本研究对部分经典经验研究进行了详细说明。

塔加尔（Taggar，2002）以480名加拿大本科生作为样本进行实验研究，分析工作动机（包括专心工作、团队忠诚等）、创造力相关过程（包括准备、团队想法的整合、参与、目标设定/实现团队目标的战略等）、团队创造相关过程（团队公民行为、有效沟通、绩效管理、提供反馈、表达冲突等）对个体和团队创造力的影响。由两名独立观察者对写作报告的评价形成个体创造力和团队创造力的得分。研究结果发现团队创造相关过程调节作用于累积的个体创造力和团队创造力的关系。

皮罗拉-莫洛和曼（Piorla-Merlo & Mann，2004）对56个研发项目团队进行问卷调查和跟踪研究，这些团队来自两个大的公共科研单位和两家大的能源和工业产品制造公司，研究者分析了团队创新氛围对团队创造力的影响。每个月进行一次团队创造力的评价，使用团队领导评价和成员个人自我评价这两种方法，Cronbach's α 为0.63。此项目结束6个月后，由项目领导评价团队创造力，客观评价指标包括新产品或工艺的数量和专利或专利申请，主观评价指标包括创造性、有用性、创新性和新颖性，共 4 个测量条款，Cronbach's α 为 0.71。研究结果发现：首先，团队创造力得分可以由累积不同个人和不同时点的个体创造力进行显著解释；其次，团队成员个体创造力的平均或加权平均可以形成某个时点的团队创造力；最后，团队氛围对团队创造力有直接影响，而不是通过个体间接影响。

伊根（Egan，2005）对认知多样化和团队创造力的关系进行研究，通过实际企业问卷调查和实验研究来验证两者之间的关系。在实验研究中，团队创造力通过三个方面进行测量，即主观感知创造力评价系统的准确度、感知创造力评价以及客观评价创造力的流畅性。感知创造力评价包括三个测量题项，Cronbach's α 为 0.83。在实际企业问卷调查中，通过主观感知创造力来测量团队创造力，包括三个测量题项，Cronbach's α 为 0.89（Kurtzbegr，2005）。实验研究结果发现：认知多样化有益于客观创造绩效，但可能损害团队情感、满意度以及成员对他们创造绩效的印象。企业问卷调查研究结果发现：在主观评价与更客观的测量值之间存在着很大的差异，与情感测量更为密切相关。他们的研究表明团队创造力具有复杂的多维度结构，团队情感与创造结果的一个重要的预测变量是认知多样化。

伊萨克森和鲁尔（Isaksen & Luaer，2002）以美国一家大型全球服务公司的 170 个经理作为样本，采用他们开发的"情景态势问卷"（SOQ）对其就团队创造氛围进行问卷调查。SOQ 拥有 9 个维度：自由度、挑战和参与度、信任/开放性、创意的支持度、游戏心/幽默感、冲突性、争论、构思的时间压力、冒险性。研究结果发现在最有创造力和最无创造力的团队的比较中，SOQ 问卷的 9 个维度都存在显著差异，其中信任度和开放性具有最大的正向差异。

陈和昌（Chen & Chang，2005）为了检验任务冲突和人际冲突对团队创造力的影响，对在中国台湾地区通信和软件开发产业中的 142 个服务导向型的信息系统开发项目团队，和 11 家高技术制造企业中的 106 个技术导向型的计算机监控器设计团队进行问卷调查。采用三个指标来衡量团队创造力：第一，创造性（creativity），指团队为了解决任务相关问题而采用的新颖的和有用的想法，或创造了团队建立以前所没有的新知识；第二，生产率（productivity），指团队具有高生产率，并按期完成项目任务；第三，创新性（innovativeness），指团队开发了满足市场需求、赢得消费者满意的新产品、技术或服务。

其他的学者也通过企业实地问卷调查或实验研究对团队创造力进行了测量，例如，克如保勒等（Chirumbolo, Mannetti, Pieorr et al., 2005）由独立观察者对新想法流畅性的三个测量题项进行评价得到团队创造力，Cronbach's α 为 0.83。汉克（Hnake, 2006）通过有用性（4 个测量题项，Cronbach's α 为 0.839）、新颖性（5 个测量题项，Cronbach's α 为 0.945）来评价团队创造力。

2.2.3 团队创造力的主要影响因素

谈及团队创造的驱动机制，日本学者巴拉德瓦杰和梅农（Bharadwaj & Menon, 2000）曾经明指出：团队创造应该是由个人创造机制和团队创造机制共同作用形成的结果，其中既包括团队成员的个人努力，也包括团队系统的整体促进作用。这种综合性观点与众多学者一贯秉承的交互作用理念相符（Amabile, 1983; Drazin, Glylin & Kazanjian, 1999; Shalley, Zhou & Oldham, 2004），认为团队创造应该是个体与个体、个体与环境、群体与环境相互作用的结果。由此可以推断，个体和团队两个层面的要素会共同影响团队创造力，这也是团队创造的整体观和聚合观一致强调的核心所在。

影响创造力的个体特征要素有：个人的性格（Oldham & Cummings, 1996）和认知风格（Amabile, 1996; Shalley, Zhou & Oldham, 2004），个人所具备的创造技能、知识、过去的经历和个体内在的创造动机（Ford, 1996; Sommer & Pearson, 2007）等等。这些都是个体长时间积累形成的具有较高稳定性的个人特质，是能够有效预测个体创造力的指标。以团队创造力的聚合观为基础，团队创造力是团队成员个人创造力的函数。因此，团队成员的个人特征通过对个体之于团队的创造性贡献的影响，在一定程度上决定了团队整体的创造力水平。

除了个体特征要素之外，通过情绪要素，团队成员对环境氛围的即时感知也会影响团队创造力（Woodman, Sawyer & Griffin, 1993; Oldham & Cummings, 1996）。通常情况下人们都认为，积极的情绪感知有利于激发团队成员的合作精神和创造意愿；而负面情绪则会对团队成员之间的交流产生阻碍，进而限制个人和团队创造力的发挥。阿马比尔等（Amabile et al., 1996）的研究结果表明：伴随工作压力和时间压力产生的焦虑情绪会负面影响团队成员的创造意愿和创造力。但也有部分学者持有与之相反的观点，他们认为，积极的情绪感知容易产生满足感，无法催生持续的创造行为和努力；反过来，因为对现实状况不满而产生的负面情绪则往往是创造性破坏出现的根源。结合以上两组观点来看，情绪要素对于创造力的作用效果也许更类似于 U 型或倒 U 型曲线（Amabile, Barsade, Mueller et al., 2005）。相对于某种稳定的情绪状态而言，情绪的变化，特别是两种极端情绪之间的相互转化，对个体/团队创造力有更为明显的影响作用。

从团队层面来看，诸如团队寿命以及团队规模（Leenders, Van Engelen & Kratzer, 2003）、团队类型（Choi & Thompson, 2005；Isaksen & Lauer, 2002）、团队人员构成（Kurtzberg, 2005）、团队稳定性（Nemeth & Ormiston, 2007）之类的团队特征要素都对团队整体的创造力产生一定程度的影响。蔡和汤普森（Choi & Thompson, 2005）的实验研究结果证明：开放型团队表现的团队创造过程的流畅性和灵活性要普遍优于封闭型团队。虽然，团队成员在能力、认知或专业背景方面的多样化有利于团队客观的创造绩效的提升（Kurzberg, 2005），但是团队规模也并非越大越好（Leenders, Van Engelen & Kratzer, 2003）。同样，尽管团队成员为了实现高效的合作，彼此之间需要一段时间进行相互熟悉、磨合、加深了解；但如果团队长期稳定不变也可能会因为陷入群体思维定式而导致创造力的下降（Nemeth & Ormiston, 2007）。新成员对团队创造力的促进作用不仅仅表现为能力绝对值的提升和多元化的视角，也同样表现为他对原有成员的激励、鞭策和启迪（Choi & Thompson, 2005）。

持整体观视角的学者认为，依赖于团队这一组织模式而存在的互动机制和情境氛围要素都有可能对团队整体创造力的发挥起到促进或阻碍的作用（Amabile et al., 1996；Drazin, Glynn & Kazanjian, 1999；Leonard & Swap, 1999）。众多研究结果表明：具有共同目标（Gilson & Shalley, 2004）并相互信任的团队成员往往更愿意且能够自由地表达不同的意见和创造性观点（Corbitt & Martz, 2003），通过有效的沟通、协调和合作，凝聚团队整体的力量进行集体创造（Taggar, 2002；杨志蓉, 2006）。但是，即便如此，仍然不可避免地会出现争辩和冲突。通常情况下，学者们都认为适度的任务/认知冲突有助于团队创造力的提升；而人际关系/情感冲突对团队创造力的影响则恰恰相反（Hanke, 2006；Chen, 2006；Chen & Chang, 2005）。不同类型的团队需要着重关注的冲突也有所不同（Chen & Chang, 2005），团队的创造表现受到冲突的妥善处理和解决的直接影响（Taggar, 2002）。在此过程中，团队内部的沟通互动模式（包括沟通的集中度和频率等）（Leenders, Van Engelen & Kratzer, 2003）以及与此相关的团队创造过程都将发挥举足轻重的作用。

从情境或氛围角度来看，团队创造力的影响因素也有很多，包括：组织/团队资源（资金、信息、设备）、支持、冒险精神和控制机制相关的团队规范、领导的风格、个人素质和态度等（Isaksen & Lauer, 2002; Adarves-Yorno, Postmes & Haslam, 2011）。在此需要注意的是，群体层面的创造情境/氛围要素对于团队创造力的影响作用并非总是正向的，不能忽视各种可能存在的阻碍因素（Amabile et al., 1996; Goncalo & Staw, 2006）。此外，研究者关注的焦点还包括与工作/任务本身相关的特征因子对团队创造力的影响。例如：任务类型、任务目标、任务的复杂性与相互依赖性、项目生命周期、时间限制（Chen, 2006; Chen & Chang, 2005）以及由突发事件引起的危机等因素（Drazin, Glynn & Kazanjian, 1999）都有可能通过影响团队成员的情绪和动机而对团队创造力产生间接作用。

随着跨文化研究的不断深入，文化因素对团队创造力的影响作用也逐渐被纳入团队创造力的研究范畴。文化作为一种隐藏的潜规则在很大程度上决定了"是什么"创造力，以及"该如何评价"创造力（Sternberg & Lubart, 1996）；它会对团队成员的创造潜能和表现造成截然不同的影响（Zha et al., 2006），并由此导致团队整体创造力的差异。

有关团队创造力影响因素的归纳总结可参见表2.3。

表2.3　　　　　　　　　　团队创造力的影响前因总结

	前因	示例
个体层次	个体特征	性格（Gough, 1979; Shalley, Zhou & Oldham, 2004）；认知风格（Amabile, 1996; Fagan, 2004）；知识、创造技能、经历、动机（Amabile, 1988; Barron & Harrington, 1981; Sommer & Pearson, 2007）
	个人情绪	特定的情绪状态（Amabile et al., 1996; Oldham & Cummings, 1996; Shalley, Zhou & Oldham, 2004）

续表

前因		示例
团队层面	团队特征	团队类型（Choi & Thompson，2005；Isaksen & Lauer，2002）；团队人员构成（Kurtzberg，2005）；团队稳定性（Nemeth & Ormiston，2007）；团队寿命及规模（Leenders，Van Engelen & Kratzer，2003）
	团队互动	成员关系：共同目标（Gilson & shalley，2004）、信任（Corbitt & Martz，2003；Khodyakov，2007）互动行为：合作/互助（Taggar，2002）、冲突/争辩（Chen，2006；Chen & Chang，2005）、沟通（Shani，2002）、创造性过程（Taggar，2002；Mac Kinnon，1965；Barron & Harrington，1981；Harrington，1990；Amabile，1996）
	情景/氛围要素	组织/团队支持、领导个人素质/风格/态度、资源、团队规范（Amabile et al.，1996；Fagan，2004；Isaksen & Lauer，2002）、任务特征（Drazin，Clynn & Kazanjian，1999；Chen，2006；Chen & Chang，2005）
文化因素		个人主义-集体主义（Goncalo & Staw，2006；Zha et al.，2006）

资料来源：本研究整理。

2.2.4 团队创造力的研究小结

2.2.4.1 研究结论

驱动自主创新的关键是提升团队创造力。纵观国内外团队创造力相关文献与理论研究，可以得出以下几点结论：

（1）以往对团队创造力的研究主要集中在分析和测量输入端的影响因素，包括团队的内外部环境和气氛，缺乏深入探寻团队创造过程和团队互动行为的内在机理，团队创造力本质得不到深入揭示。

（2）已有的研究大多关注团队的构成、团队任务、团队领导等对团队创造力产生影响的团队内部资源和管理要素，对于团队外部资源仅仅关注了组织保障和工作环境的影响，缺乏对各种影响团队创造力的内外部因素的整合分析。

（3）通过对基于两种不同观点的团队创造力研究差异的对比，发现无论是基于团队创造力是个体创造力的函数的观点，还是基于团队层面特有属性和作用机制的团队创造力研究，都强调团队创造力的基础是个体。不同的是，前者是以个体创造力为核心,认为个体创造力的累计形成团队创造力,同时也考虑了团队过程、团队特征、团队构成以及组织环境等的影响;后者认为团队创造力虽然不能脱离个体创造力,但团队创造力不是个体创造力的简单加总,应直接对属于团队层面独特属性或运作规律等进行探讨。

2.2.4.2 未来研究方向

虽然团队创造力研究取得了很大进展,但也留下许多研究空白,未来的研究可以从以下几个方面进行:

(1)测量方法和测量工具的完善。伍德曼等(Woodman, Sawyer & Griffin, 1993)认为:在复杂的社会环境中考察一个团队的创造力,必须同时考虑四个要素,即创造主体、创造产品、创造过程和创造氛围;对团队创造力概念进行测量,从单一角度出发尽管有其合理性和易操作性,却始终是片面的。这一观点对测量模型和测量工具的开发提出了很高的要求。

针对创造主体设计的测量工具,通过个人创造力得分的聚合表征团队创造力,得到的往往是一个基于"过去的稳定特征"的预测值,无法体现即时环境因素的作用。针对创造氛围设计的测量工具,通过个体对环境的感知评估来预测团队创造力,着重强调了外因的作用,无法体现团队成员的能动性。因此,本研究着眼于团队创造力的"新颖性"和"有用性"两个维度测量团队创造力。

(2)团队创造力多层次影响模型的构建和检验。无论是从聚合视角还是整体视角来看,团队创造都被认为是一个跨层次演化的现象——团队创造力的基础是个体创造力;而群体(团队/组织)层面的特性或作用机制也会对团队创造力的形成和发挥产生一定程度的影响。基于以上的观点,学者们的研究重心也逐步从单一的团队构成、氛围或团队互动向三者的集合转移。伴随着跨层次研究方法的日益成熟和完善,结合创造主体、创造产品、创造过程和创造氛围四个要素,纵贯个体和团队两个层面,构建综合性的嵌套模型,将会成为未来团队创造力研究的主流。

(3)内部与外部影响因素对创造力的整体影响。对团队创造力影响因素的研究主要集中在内部(如团队领导、团队构成等)或外部(如团队环境、外部资源的可获取性等)分析,缺乏对各种影响团队创造力的内外部因素的整合分析。而目标取向不仅仅关注内部动机，还关注外部动机对其行为的影响，因此，目标取向与创造力的关系研究是未来研究的重点。

（4）团队创造力的动态演化。目前对创造力研究的结论显示出了动态视角的重要性。例如，新员工的加入在刚开始能够带给团队新的想法和观点，促进团队的创造力，但随着时间的推移，这种促进作用可能会逐渐变小。另外，团队成员多样性对团队创造力所起作用的不一致可能也是由于时间效应的存在。团队刚成立时，由于成员之间互相不甚了解，多样性可能会造成更多的冲突，阻碍团队创造力；但当团队成员相互了解之后，这种冲突可能会促进团队创造力，因此采用动态视角来研究组织内的创造力也是未来的研究重点之一。

通过对创造力（个体/团队创造力）相关文献分析和总结，本研究以目标取向视角，探讨团队创造力的提升的多层次影响及动态追踪研究。

2.3 目标取向与创造力的关系研究

2.3.1 目标取向的内涵、维度及影响因素

成就动机广泛存在于日常生活中，可以帮助我们理解人们工作的动机（Locke & Latham, 1990），因此，人们尝试着通过各种方法提升自身的能力，让自己变得更加有效率。成就动机理论（achievement motivation theory）就是用来解释人们的工作动机。规避型动机与趋向型动机是成就动机理论最常见的两种类型。因为在不同的动机影响下，个体的行为取向存在较大的差异。而对于内部动机的探索，产生新的理论——目标取向理论（goal orientation theory）。目标取向概念虽然源于教育心理学，但是作为成就动机理论的重要组成部分，也引起了组织心理学专家的兴趣，因此，在组织行为和管理学研究领域中得到迅速的应用和推广，并取得了一定的研究成果。

2.3.1.1 目标取向的内涵及其维度结构

艾瑞森（Eison, 1979）是目标取向的代表性学者，较早将目标取向作为一个独立的构念，并尝试性的开发测量量表。通过观察，他发现班级中的学生要么有内在提升自己学习和知识的倾向，要么表现出超过他人能力的倾向。基于此，他将前者界定为学习取向（learning orientation），而将后者界定为成绩或分数取向（grade orientation）；另外，他也开发出了如何评价两种取向的测量量表（learning orientation-grade orientation scale），并在其随后的1982年的研究中，将两种取向的进一步进行了修正（learning orientation-grade orientation scale Ⅱ）(Eison, Pollio & Milton, 1982)。

对于目标取向的心理本质和内涵一直是学术界争议的热点话题。许多学者对目标取向的本质和含义进行了相应的界定，并提出了自己的观点和看法。表2.4是不同时期的研究者对目标取向内涵的简单归纳和总结。

表2.4　　　　　　　　　　目标取向的含义及内容要点

学者（时间）	含义	内容要点
Nicholls (1976)	个体关于偏好的特质	基于成功认知和特定情境下的目标设定和能力显示方式
Eison (1979)	对待学习任务的潜在态度	强调学习任务和班级背景
Dweck & Elliott (1983)	个体产生追求成功和避免失败的内在心理机制	基于智力观理解的目标选择倾向
Steven & Gist (1997)	特定情境下的目标状态	强调与当前的任务或条件相匹配的共生性
Colquitt & Simmering (1998)	个体表现出的情境性特征	与个性特质相似，具有稳定性
Steel et al. (2000)	临时的、短暂的目标状态	强调该状态是受实验条件所引发
Spinath & Stiensmeier (2003)	个体对于成功的功能性反应	稳定认知下的变化和行为选择

资料来源：本研究整理。

由表2.4可知，研究者对目标取向的内涵有两种不同取向的界定。一种观点是强调目标取向的相对稳定性特质（trait goal），将目标取向和个性特点等同，认为目标取向是个性特征中的某种性情倾向，具有相对的稳定性；另一种观点认为目标取向是一种目标状态（state goal），容易受到任务和活动的实质性影响，即个体的目标取向会随着任务情境的变化而变化，因此，目标取向不具有相对的稳定性（Misehel & Shoda，1995；Payne，Youngeourt & Beautbieu，2007）。

本研究主要探讨目标取向与创造力的多层次及动态演化机制研究，视目标取向为一种状态变量，反映了在自我发展的信念的作用下个体对工作环境（任务）的理解方式和投入程度。

随着对目标取向研究的深入研究，目标取向的内涵与本质亦经历了一个从单一维度到多维度的理解过程。在最初的研究中，人们将目标取向划分为两级构思（bipolar construct），即个体要么在某一取向上获得较高分值，要么在另一取向上获得较低分值，但是不会同时在两个取向上取得较高分值或较低分值。随后，研究者对这种两极构思提出了质疑和辩论，并开发出了学习目标取向（learning goal orientation，LGO）量表和绩效目标取向（performance goal orientation，PGO）量表（Button，Mathieu & Zajac，1996）。因此，目标取向是一个两维结构。

在相关研究的基础上，范德维勒（Vandewalle，1996）将绩效目标取向（PGO）进行了进一步的细分，并提出了目标取向的三维结构（学习目标取向、绩效证明取向与绩效回避取向）。范德维勒（Vandewalle，1996）认为目标取向就是一个多维的构念，因为绩效取向包含两层意思，一种是想获得有利评价，另一种是避免不利评价。绩效证明取向（prove PGO，PPGO）聚焦于能力展示和获得他人的认同；而绩效回避取向（avoid PGO，APGO）则关注如何逃避责任和失败，以及来自他人的不利评价。相关研究亦证实三维构念的目标取向要优于两因素模型。国内外许多研究也支持该概念模型。例如：艾略特和邱奇（Elliott & Church，1997）将目标取向划分为趋向目标（approach orientation）和回避目标（avoidance orientation），趋向目标取向与证明目标取向类似，而回避取向与绩效回避取向类似，此外，这两种的目标取向具有不同的前因变量和影响效果。范德维勒（Vandewalle，1996）提出的目标取向的三维结构受到理论界推崇的热点话题，本研究将采用此结构模型对相关研究问题进行探讨。

对于目标取向的结构问题，后续研究亦提出了新的观点。例如，一些学者提出了目标取向的 2×2 的结构模型，在绩效目标取向的两种划分的基础上，也可以将学习目标取向划分为两种模型，即学习趋向目标或掌握趋向目标（mastery-approach goal 或 learning-approach goal）、学习（或掌握）回避目标（mastery avoidance goal 或 learning-avoidance goal）、绩效趋向目标（performance-approach goal）、绩效回避目标（performance-avoidance goal）四种取向（Elliot & McGregor, 2001; Conroy, Elliott & Hofer, 2003; Van Yperen, 2006）。尽管有些学者对此概念模型提出了质疑，认为内在逻辑的合理性。

2.3.1.2 目标取向的影响因素

基于目标取向的特质观和状态观，对目标取向产生两种不同的观点；即一种观点认为目标取向是由个体的个性特质所决定的；另一种则认为目标取向会受到周围环境和条件的影响，是个体与情境交互影响的结果。本研究主要从这两类观点进行论述和总结。

（1）目标取向是由个体的个性特质所决定的。基于此，已有的研究主要从成就需要、自尊心、自我效能感与大五人格等变量探讨其与目标取向的关系研究。德威克和莱格特（Dweck & Leggett, 1988）的早期研究中，他们将自信和认知能力（cognitive ability）视为影响目标取向的因素进行探讨和论述，然而，早期的探讨忽略了任务情境在这种关系中所起到的显著作用。因此，研究者开始转移了目标取向影响因素。随后，艾略特和蔡（Elliott & Chua, 1996）研究发现能力知觉水平对目标取向的影响比较显著，高知觉水平能力较强者往往会尝试验证自己的能力，从而触发了个体的趋近目标取向，然而，知觉水平能力较弱者则不会验证自己的能力，对自己的能力产生怀疑，从而易于触发回避目标取向。由此可见，自我能力知觉对目标取向中的表现取向有实质上的影响作用。其他研究则认为大五个性模型中的外向性（extraversion）和责任性（conscientiousness）能够触发成就动机的某个侧面，而成就动机是目标取向构成的基础。基于此，大五个性能够比较有效的预测目标取向（Hough, 1992）。此外，研究发现自尊多反映出的情感性判断，会影响个体目标取向的选择，同时，目标取向的达成亦会推动个体的自尊，因此，自尊与目标实现的交互作用能影响目标取向（Payne, Youngcourt & Beaubien, 2007）。最后，研究发现自我效能感与能力观之间存在较强的联系，认为能力是固定不变的人，相应的自我效能感亦会较低；相反，持能力发展和提升的人，其自我效能感亦会相应的高（Kanfer，1990）。由此可见，自我效能感与不同的目标取向存在差异性的影响。

（2）目标取向的状态观。关于目标取向的研究忽略了个体所处的情境因素。然而，研究者认为目标取向是个体对应任务或环境的特定状态（specific state），并具有情境性特征的观点。令人遗憾的是，对目标取向的情境化特征的实证研究相对较少。在个体层次上，研究结论表明：目标的时间约束、工作环境、难度对目标取向（state goal orientation）的选择具有一定的影响作用。例如：思比奈斯等（Spinath et al.，2003）研究发现目标的难度系数较高和时间限制会降低个体努力的积极性，认为自己再努力也徒然无功，从而选择放弃目标。另外，工作的复杂性太高亦会降低个体对目标的预期，从而产生消极的情绪，放弃努力（Yeo, Loft, Kiewitz & Xiao，2009）。

在团队层次上，氛围是解释团队目标取向的重要途径，且与环境特征紧密相关，由此可见，情境因素成为影响团队目标取向的关键变量。德森（Deshon，2004）等构建了目标取向的两层次结构（个体和团队层次），认为反馈等情境性因素对目标取向的两个层次的自我调节过程都有显著的影响作用，从而进一步影响团队和个体的注意分配。在德拉戈尼（Dragoni，2005）的跨层作用模型中，聚焦于情境因素的重要作用，认为团队领导、管理措施等情境线索成为驱动和营造团队氛围的关键因素，在团队状态目标取向中发挥着主要作用。德拉戈尼（Dragoni，2005）从团队互动过程分析了团队目标取向的形成，指出团队目标取向最重要的情景影响因素是团队领导行为以及团队氛围知觉，并构建了如图2.2所示的团队状态目标取向的形成模型。

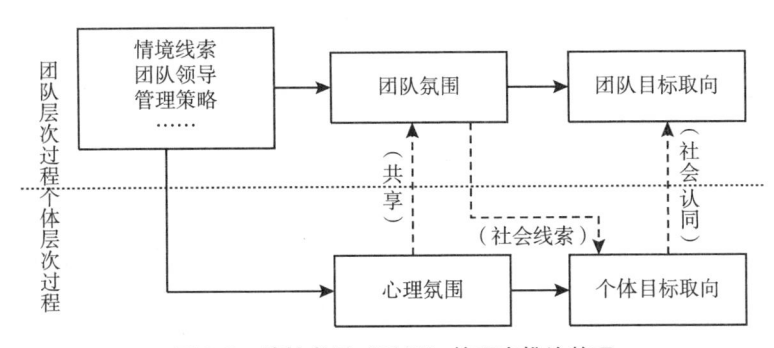

图2.2 德拉戈尼（2005）的研究推论整理

图 2.2 清楚地表明了工作团队目标取向的影响因素和形成过程。在影响关系和过程中，虽然存在了多条的路径和过程，然而，影响团队目标取向构建的源头是情境线索。由此可见，情境线索是团队目标取向的关键驱动因素，一方面，影响甚至决定了工作团队氛围的产生和构建，另一方面，也为团队成员提供了关于特定目标偏好的信息，帮助成员形成特定的成就焦点的感知。若团队成员对心理氛围产生共同的理解时，团队氛围得以形成。情境线索中的领导成就取向、领导成员的交换关系等团队领导风格及其所提供的管理策略有利于保证情境线索对团队氛围的影响作用；团队氛围同时为团队成员个人目标取向的修正提供社会参照和提示，由于保持与团队氛围的一致可以有效满足个体取得和维持与环境和谐关系的内在需要（Schneider，1975），团队内成员各自不同的目标取向因为社会认同的内在驱动力在团队层面交汇并趋于一致，形成团队共同的目标取向。德拉戈尼（Dragoni，2005）指出，在这个意义上讲，团队关于目标偏好的氛围在很大程度上代表了团队的目标取向。

2.3.1.3 目标取向的影响效果

已有研究一方面对目标取向的影响结果进行了探讨和总结，另一方面亦分析了不同目标取向所取得不同绩效差异（Payne，Satoris & Youngcourt，2007）。例如：已有研究发现，目标取向对情感体验和行为、绩效（适应性、任务绩效、学习成绩、创造性等）（Butler，1987；Ame，1992；彭芹芳和李晓文，2004；李晓东等，2003；Kozlowski & Bell，2006；Davis，Mero & Goodman，2007；Dweck，1975；Lee，Sheldon & Turban，2003；Porter，2005）。

另外，已有研究表明，目标取向对情感体验具有显著的预测效果。克龙等（Cron et al.，2002）通过实验研究，探讨了目标取向与消极情绪的关系。在操作和控制负面反馈的实验条件下，发现回避绩效取向能有效预测消极情绪反应（如无助感、缺乏信心、沮丧等），从而影响下一个目标的选择；同时，消极情绪具有累积和扩大的效应，然而，这种关系在两者关系中并不显著。但是，学习目标取向能够减轻或抑制消极情绪，并逐渐降低消极情绪的影响效果。此外，艾略特和丘奇（Elllott & Church，1997）的研究表明，趋近绩效取向和回避绩效取向常常与较高的焦虑水平相关，而学习取向则与较低水平的焦虑相关。

第2章 研究综述

已有研究发现，学习目标取向与积极行为或适应具有比较高的相关性。而绩效目标取向往往与消极行为具有较高的相关性。研究表明，具有较高学习取向的个体具有提高自我的动机，喜欢接受挑战性的工作和机会，倾向于设置较高的目标；绩效证明取向的个体易受到同事或主管的认同，想证明自身的能力，亦设置较高水平的目标；然而，绩效回避取向的个体害怕外部的不良评价，不愿意接受创造性的工作和机会，与低水平的目标设置相关（Chen, Gully, Whiteman & Kilcullen, 2000）。另外，与绩效取向的个体相比，学习目标取向的个体具有较高的学习策略，易取得较高水平的绩效。同时，高学习目标取向的个体可以有效地预测元认知策略和深层次认知，然而绩效取向的个体可以预测个体的表层认知策略，绩效回避取向的个体能够负向预测深层次认知策略。最后，巴特勒（Butler, 1993）以大学生为实验对象，研究表明，目标取向对反馈寻求行为的方式有着本质的影响，而任务成就目标取向的个体比自我成就的个体具有更多的关于信息反馈和参照性信息反馈的要求。范德维勒和卡明斯（Vandewalle & Cummings, 1997）的研究结论亦进一步验证了上述研究发现，即绩效目标取向与反馈寻求之间呈负相关关系，学习取向越高，个体寻求反馈的可能性越高。

探讨目标取向与绩效的关系是该领域研究的重要内容之一。较早的研究发现学习取向的学生要优于绩效趋向的学生（Farrell & Dweck, 1985），这不仅体现在学习成绩方面，也体现在临时性任务绩效方面。学科成绩既反映了学生如何执行与学习相关的任务，也反映了他们如何管理时间、如何解决难题、如何交流等适应性问题。学习取向与各种高水平适应性思想和行为相关，容易引致计划、目标设定等自我调节行为（self-regulation behavior）（Sujan, Weitz & Kumar, 1994），而绩效取向者的注意力游离于任务之外，限制了有效率的产出（Kanfer & Ackerman, 1996）。最近的一项研究支持了上述目标取向与适应性之间的内在关系，研究基于个体情景互动理论，通过构建多次线性模型验证了目标取向对个体创造性的影响，而创造性是个体适应不确定性变化环境的特质性基础（Hirst & Zhou, 2009）。多数研究结论认为学习目标取向与绩效正相关，而绩效目标取向与结果变量的关系不稳定。佩恩等（Payne et al., 2007）在元分析中指出，尽管关于趋近绩效取向与任务和工作绩效关系的研究结论不一致，但趋近绩效取向对绩效还是有利的。例如，波拉斯和贝特曼（Porath & Bateman，2006）发现趋近绩效目标取向的个体更能出色地完成营销任务，与销售绩效正相关。

2.3.2 目标取向与创造力关系的研究进展及局限

2.3.2.1 以往相关研究取得的进展

通过对相关研究议题的回顾与梳理，发现国外关于目标取向与创造力研究多从社会学、管理学或心理学等学科展开实证研究或实验研究的，并得出相关结论，为深入本研究奠定了理论基础与依据。目标取向作为成就动机理论的重要组成部分，代表团队成员关于目标倾向的共同感知，反映了其自我发展、能力提高、证明自己抑或规避风险的倾向，会对个体和团队行为产生影响。目前国内的相关研究虽然偏少，但也分别从不同视角，以实证研究为主展开，为本研究的主线提供了实证支持。概括而言，目前与本研究相关的研究进展主要体现在以下四个方面：

（1）创造力成分模型和创造力交互模型为本研究探讨目标取向与创造力的多层次影响关系奠定了理论基础。创造力成分模型认为专业领域相关技能、创造力相关技能及内在任务动机是创造力产生的三个基石。而目标取向因其注重知识和技能的获取、关注能力发展及避免负面评价（Vandewalle，1997），从而与创造力成分模型中的技能获取和内在任务动机紧密相关，并且与创造力产生的过程具有显著的相关性（Hirst，Van Knippenberg & Zhou，2009），这为本研究引入目标取向提供了理论依据。同时，创造力交互模型认为组织内个体创造力是个体、团队与组织环境之间复杂的互动结果；个体创造力首先是由个体的认知风格和能力、相关知识、内在动机等因素决定的，除此之外，还会受到来自团队情境因素（团队任务、团队倾向等）与组织层面因素（组织战略、环境动态性）的影响。同时，该模型还解释了各影响因素和情境因素之间的跨层次影响路径，构建了完整的创造力多层次概念模型。这为本研究引入多层次分析方法提供了理论支持（Woodman，Sawyer & Griffin，1993）。

（2）目标取向与创造力关系研究已初成体系。创造力是学术界和实践界关注的焦点之一，学者们从目标取向的视角出发，对创造力提升进行了研究。国内外学者在目标取向与创造力的关系研究这一领域进行了开拓，并对目标取向影响创造力的过程、情景等进行了有意义的探索和解释，这为本研究深入探讨目标取向与创造力的关系提供了理论依据。

（3）团队自省所构建的团队过程和情境已作为研究的重点议题，存在理论依据。国内外文献认为团队自省是对过去反思和将来的准备的统一，会对团队绩效、组织公民行为、团队创新产生积极的影响（West，1996）。因此，团队自省是团队创造力提升的重要影响因素。结合目标取向研究，目标取向理论被越来越多地用来解释个人心理气氛和工作团队气氛的构建，而团队气氛则有利于团队成员达成对目标的共同理解，触发团队成员对任务、目标等的反思，进而推动团队自省。基于此，本研究将团队自省引入目标取向与创造力的关系。

（4）目标取向具有相对不稳定性和动态性（Payne，Youngcourt & Beautbieu，2007），且创造力存在于团队中，会随时间、情景和任务等的变化而变化，这为我们揭示目标取向与创造力的动态演化关系提供了令人信服的依据。关于目标取向与创造力的相关研究仅静态视角探讨两者之间的关系，而忽略了两者之间的动态关系。同时，IMOI 动态研究范式和 ASD 动态分析框架为本研究提供了研究方法。

2.3.2.2 以往相关研究的局限和有待解决的问题

在相关研究取得进展的同时，不可避免地存在一些不足之处，仍有一些理论问题有待进一步的解决，需要在深化研究的基础上，提供更为全面的解释。通过对国内外文献的总结，目前目标取向与创造力关系研究的局限性或不足之处主要体现在以下方面：

（1）有关目标取向的研究主要聚焦教育学领域，因此，在管理领域的研究相对较少，且研究成果相对分散，主要集中在目标取向与创造力的过程研究。与国外相比，国内研究却处于滞后状态。现有的研究集中在目标取向与知识分享、创新绩效、团队反思等关系方面，而对创造力的研究却偏少。因此，本研究基于已有研究成果，探讨目标取向与创造力的关系，丰富和拓展目标取向与创造力的关系研究。

（2）目标取向的三种模式与创造力的关系并不明晰，从而影响目标取与创造力关系的系统性分析。虽然已有研究认为学习取向对创造力产生积极的影响，而证明取向、回避取向则需要通过情境、过程（如团队学习、信息交换）对创造力产生影响，两者关系并不明晰。同时，关于目标取向与创造力的已有研究较多基于某一层面进行研究，较少采用跨层次的方法探讨两者之间的影响关系。其中，有的研究虽然采用跨层次方法探讨目标取向与创造力的关系研究，但是缺少对个体和团队取向与创造力的关系进行多层次的系统研究。因此，有必要在已有研究的基础上，深入挖掘这些未知与还不够明确的研究内容或规律性的结论。

（3）目标取向与创造力的关系研究所采用的静态研究范式，无法验证目标取向与创造力的因果关系及动态交互过程。这一方面是由于缺少动态研究的理论指导，另一方面是由于多次数据收集难度较大，且环境动态性的加剧推动团队的变动，增加数据收集的难度。为此，本研究结合 IMOI 动态研究范式和 ASD 动态分析框架，通过追踪研究和解释性案例研究，探讨目标取向与创造力的动态演化关系。

2.4 研究小结

本章首先对团队目标取向与创造力关系的相关文献梳理并予以归纳，包括目标取向的结果变量、创造力的多层次研究及创造力的影响因素。针对已有的研究进行总结，由此得出研究的切入点——从多个层次出发，探寻目标取向对创造力的影响，并以此作为研究的重点。目标取向影响创造力的过程机制方面的研究较少，"基于目标取向视角，如何推动创造力的提升"也是一项难题。针对以上总结和此次研究的重点，本研究拟以团队自省为研究视角，探讨其在目标取向与创造力多层次影响关系间的不同行为效应。同时，鉴于静态研究无法揭示变量间的因果关系，因此，本研究采用动态研究方法探讨目标取向与创造力的动态演化关系研究。综上所述，需要对此次研究进行系统的研究设计，采用科学与合理的研究方法，以解决研究问题，在第 3 章将针对具体的研究主题确定理论依据及设计进行介绍。

|第 3 章|
研究的理论框架与总体设计

研究的设计对一篇研究的质量至关重要，它将确定整篇论文的框架和风格。在研究背景、研究问题、研究目的和意义的明确，结合第 2 章文献回顾的基础上，确定本研究的设计。本章聚焦于创造力，总体思想是关注目标取向对创造力的多层次影响及动态演化关系研究。研究设计将包括研究理论基础、研究方法、研究结构安排和框架、研究技术路线图和研究的创新与不足之处。由于本研究涉及的研究内容在下面每一个主要研究中都会进行详细的阐述，本章只作总体概括。

3.1 研究的理论基础

本研究的目的是在于探讨目标取向与创造力的多层次影响及动态演化关系，所遵循的研究思路是了解目标取向对创造力的影响过程，经过系统性的研究讨论得出的结论。然而，目标取向与创造力的相关研究较少，"如何探讨目标取向与创造力的动态演化关系"也是一项难题,在探寻两者之间的多层次影响及其动态演化关系需要一定的理论基础提供支撑,目标取向理论与创造力成分模型等理论为深入研究该项难题提供了契机。

3.1.1 理论基础

3.1.1.1 目标取向理论

目标取向是在成就动机环境下成员的目标偏好（Payne, Youngcourt & Beaubien, 2007; Button, Mathieu & Zajac, 1996），反映了反馈寻求、对挑战性任务响应情况的认知（Vandewalle, Cron & Slocum, 2001）。其最重要的区别在于学习取向与绩效取向（Dweck, 1986）。学习取向聚焦于任务掌握,这表明要在不同的环境下寻求并坚持挑战,因为不同的环境比常规的工作环境提供更大机会。同时,失败所带来的风险对学习取向来讲并不是问题,反而会促进学习行为。相反,绩效取向关注比他人取得更高的绩效或者超出标准,这与其证明自身有关,失败所带来的风险会让其沮丧。范德维勒（Vandewalle, 1997）将目标取向划分为绩效证明取向与回避取向；绩效回避取向倾向于逃避证明自身能力或不利的外部评价,引导个体远离挑战；然而,证明取向则会引导成员将挑战看成一种机会以证明自身和获得良好的外部评价。目标取向因其注重知识和技能的获取、关注能力发展及避免负面评价,从而与创造力成分模型中的技能获取和内在任务动机紧密相关,并且与创造力产生的过程具有显著的相关性。依据目标取向的观点,三种不同的目标取向与创造力之间存在不同的影响关系。

3.1.1.2 创造力成分模型

阿马比尔（Amabile, 1983）的创造力成分模型（componental model）是一种构成要素理论,它提出了一切领域产生创造性的必要和充分构成要素。该研究认为创造性产品的产生是三个基本成分相互作用的结果：领域相关技能（domain-relevant skills）、创造力相关技能（creativity-relevant skills）和工作动机（task motivation）。1996 年其修正其成分模型并加入"社会环境"的成分，强调支持的社会环境会直接影响内在动机（intrinsic motivation）、统合外在动机（synergistic extrinsic motivation），进而影响创造过程。该理论主要有两方面的贡献：一方面，该理论系统地提出的若干假设在研究社会因素对创造力的影响时是必需的；另一方面，作为一种模式，可以分析以往的创造性研究，且有利于创造力应用心理学的建设。依据创造力成分模型理论，目标取向与创造力成分模型的基本成分匹配，因此，本研究引入目标取向，探讨其与创造力的关系。

3.1.1.3 特征激活理论

特征激活理论认为，个体对情境的知觉会调节其个人特征对行为的影响效果（Tett & Burnett, 2003）。情境依其强度（strength）可以分为强情境（strong situations）和弱情境（weak situations）两类，情境强度的强弱决定了个体所感知的期望行为是否具有一致性（Beaty et al., 2001; Cooper & Withey, 2009）。强情境指的是在该情境下，对个体行为表现的要求或期望较为具体、明确、统一，它促使个体对情境做出相对一致的反应。相反，弱情境则是指在该情境下，对个体行为的要求或期望并不明确，个体对情境的认知与反应倾向于存在差异。强情境会将个体的一些重要的个人特征模糊化，因而在行为表现上差异较小。依据特征激活理论，本研究引入群体情境，探讨其在个体目标取向与创造力关系间的影响作用。

3.1.1.4 团队自省理论

团队自省理论认为团队自省是影响团队生存和发展的重要因素，其内涵为：团队内部成员公开反思已有的团队愿景、运作流程、目标、构思、方案、决策程序等，并在公开反思的基础上，采取相应的计划和行动，以便使团队愿景、目标、规则条例、构思、策略等快速适应动态变化的内外部环境和高度不确定性的竞争环境。团队自省主要包括三个要素：反思（核心要素）、计划和行动。核心要素反思包括咨询、多元化探索性学习、运用自我意识审视已有的方案和策略等，采纳创造性和建设性的思维方式挖掘新构思和结论，使用新的专业化知识解决团队运作和学习过程中遇到的问题和困难等行为。核心要素反思应贯穿和遍历团队执行任务的全过程（Swift & West，1998）。由此可见，团队自省作为团队过程和情境，对创造力产生重要的影响。

3.1.1.5 多层次理论

以往在组织研究领域，多数学者的研究分别沿着两条思路展开：其一，从社会学的视角出发，以企业、团队等群体单位作为研究对象，考察群体输入、运作过程及产出结果的相关问题；其二，基于心理学视角，探究个体特征、主观感知及行为倾向等方面的问题。然而，组织本质上是一个多层次的嵌套系统。微观个体的认知和行为嵌入在团队或更高层次的群体互动过程中，并受到高层次群体环境的影响；而群体特征常常通过较低层次的元素特征聚合而成，群体互动过程有可能受到较低层次中关键个体行为的影响（Klein & Kozlowski，2000）。因此，如果研究者仅采用微观或宏观单一观点通常无法准确、全面地揭示现象。持有微观观点的学者关注个体层次，忽略了不同群体情境对个体行为的影响；而持有宏观观点的学者围绕组织特征形成理论模型，忽略了个体的行为，多层次理论恰恰融合了这两类观点。

3.1.1.6 IMOI 研究范式

20 世纪 60 年代，麦克格雷斯（Mc Grath）提出了群体行为过程的"I-P-O"（input-process-output）模型（Mathieu et al.，2008）。然而越来越多的研究者发现，群体过程不仅是复杂的、动态的，更具有自适应性。马克斯、马蒂厄和扎卡罗（Marks，Mathieu & Zaccaro，2001）强调，I-P-O 静态研究范式难以描绘群体行为的动态演化过程。

伊尔根等（Ilgen et al.，2005）的研究将因果环形回路的构想加入传统的 I-P-O 模型，建议采用 IMOI（input mediator output input）研究范式以研究群体的行为过程，即"输入-中介传导-输出-再输入"。随后，一些学者采用 IMOI 研究范式开展了相关研究。例如，塔莎等（Tasa et al.，2007）在分析团队群体效能的演化过程中，将前一阶段的团队绩效作为随后阶段的前因变量，以期获得更加具有理论解释力的结论；莫申江和谢小云（2009）以 55 个项目团队作为研究对象，研究发现团队学习是一种动态演进的行为过程，团队学习与团队绩效的关系遵循 IMOI 范式演进，第一阶段的团队绩效会影响随后阶段的团队学习。在本研究中，目标取向是 input（输入），团队自省是 mediator（中介传导），团队创造力是 output（输出）；创造力的输出影响下一阶段的目标取向，即 output 到 input 的循环路径。

3.1.2 理论基础之间的关系

本研究认为，在进行模型构建之前，围绕研究内容进一步厘清理论基础之间的联系，将有利于更好地解释各变量之间的内在关系。在本研究中，六种理论关注研究变量之间的联系和不同侧面，它们之间并非互相排斥，而是相互补充及相互印证的关系，共同支撑本研究的主题框架（见图3.1）。

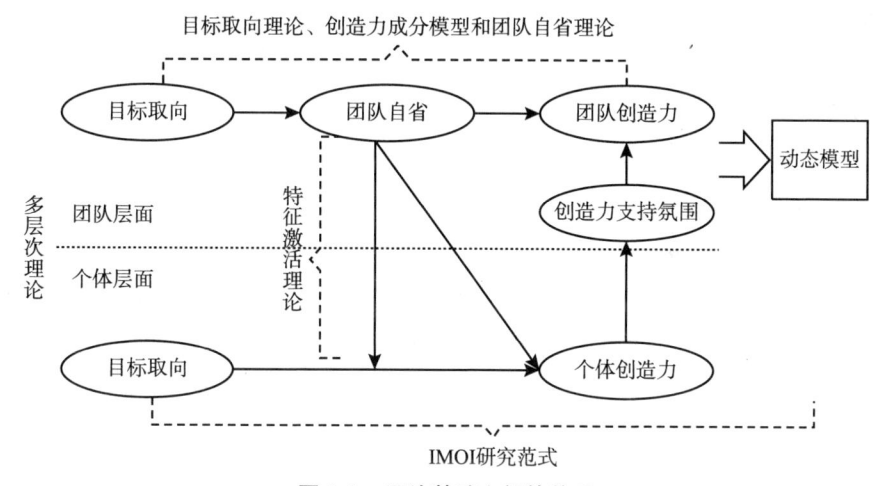

图 3.1　理论基础之间的关系

基于本研究的研究思路，各理论基础之间的相互关系包括：第一，目标取向理论、团队自省理论和创造力成分模型引出了团队目标取向与团队创造力的影响关系研究，即"团队目标取向→团队自省→团队创造力"；第二，团队自省与特征激活理论则引出了团队自省调节"个体目标取向→个体创造力"；第三，多层次理论整合了个体和团队层面的目标取向与创造力的关系；

第四，IMOI研究范式为"目标取向→中介要素→创造力→下一阶段"的动态演化关系提供了研究方法和依据。

3.2 基本概念的界定

3.2.1 目标取向

成就动机理论将目标取向定义影响个体对成就情境处理、理解及反应的激励性目标（Dweck & Leggett，1988）。范德维勒（Vandewalle，1997）将目标取向划分为学习目标取向、绩效证明取向及绩效回避取向。其中，学习目标取向关注能力的发展，容易形成对任务本身的内在兴趣；绩效证明取向鼓励个体寻找能够证明自身能力和获得良好外部评价的机会；而绩效回避取向恰恰相反，聚焦于如何逃避不良评价和失败。

3.2.2 创造力

本研究认为，个体创造力是指组织内的个体提出新颖、合适而且有用的想法的能力（Woodman et al.，2002）。然而，团队创造力是团队层面的复杂创造互动过程，团队在外部需求的影响下，通过一系列创造过程，将团队任务特征、团队的多元化知识和技能等投入要素转化为创造性的产品、工艺、服务。因此，团队创造力是指团队成员提出关于产品、服务、过程与程序的新颖想法（Shin & Zhou，2007）。

3.2.3 团队自省

团队自省是指团队成员公开讨论和反思团队目标、战略（决策制定）和过程，以期适应当前或预期的环境变化。团队自省具有双重焦点，即对过去所取得成就的反思以及对未来做好准备；且团队自省倾向于讨论"元层次"问题（对组织过程、战略与团队目标的讨论和反思）（West，1996）。

3.2.4 创造力支持氛围

创造力支持氛围源于团队创新氛围，是对创造力的规范或期望（Gong et al.，2012）。在创造力支持氛围中，团队成员通过改进的、新颖的方式进行工作安排，努力提高和完成创造力，进而影响他人提出新的想法，最终提高整体创造力。

3.3 构思设计

本研究以企业的研发团队为研究对象，从个体和团队两个层面出发，通过对已有研究的分析和归纳，构建了目标取向与创造力的多层次影响模型，并提出了研究假设；通过大样本的数据收集，并对其进行了相应的统计分析，如因子分析、相关分析和多层次线性分析等，对理论假设进行实证检验，并对其结果进行总结和讨论，然后归纳出基于目标取向视角提升创造力的多层次机制，进而指导实践和解决现实问题。

在多层次研究的基础上，探讨和验证目标取向与创造力的动态演化关系，构建动态演化关系模型，并提出相应的研究假设。通过两次数据追踪获取数据，并对数据进行统计分析，如相关分析、回归分析等，对理论假设进行实证检验，并对结果进行总结和讨论，进而归纳出目标取向与创造力的动态演化关系，进而为管理者在创造力的不同发展阶段采取不同措施提供理论依据。同时，本研究还选取上海大众产品部门的三个团队主管和成员进行深度访谈，按照逻辑分析和内容分析，进行解释性案例研究，以揭示目标取向与创造力的动态演化关系，及其演化路径。本研究的相互关系如表3.1所示。

表 3.1　　　　　　　　　　　本研究的相互关系

研究问题	研究内容	研究方法	研究章节
问题1：目标取向与创造力关系研究进展——已有的理论研究和现实状况？	目标取向、创造力、团队自省、创造力支持氛围、多层次	文献分析、内容分析等	第2、第4章
问题2：不同目标取向与创造力的关系如何？在不同层次上的表现如何？影响过程是怎样的？	同层次变量的相关性分析	验证性因子分析、信效度分析、相关性分析	第4章
	变量的跨层次效应分析	多层次分析等	
问题3：目标取向与创造力动态演化关系如何？	基于IMOI研究范式的目标取向与创造力的纵向追踪研究	追踪数据的信效度分析、相关性分析、回归分析等	第5章
	基于ASD动态分析框架的目标取向与创造力的动态演化关系	深度访谈、逻辑分析等	第6章

3.4　研究模型的整体框架

知识经济和"互联网+"时代的快速发展，创造力是推动个体、团队乃至组织持续发展的重要的影响因素。同时，已有研究认为目标取向比个体的认知能力与人格特征更能预测员工行为及其工作绩效（Payne et al.，2007）。由此可见，目标取向对个体在动态复杂的情景中的行为和态度具有重要影响；且目标取向与创造力成分模型的相关技能、动机联系在一起，会对创造力产生影响。另外，创造力是动态发展的。基于以上分析，本研究主要探讨目标取向与创造力的多层次影响及动态演化关系。

概括而言，本研究拟解决的主要问题包括：其一，在个体和团队层次上，目标取向与创造力的关系如何？影响过程怎样？其二，目标取向与创造力之间的动态演化关系如何？针对以上问题，本研究拟定的研究框架如图3.2所示。

图 3.2　整体研究框架

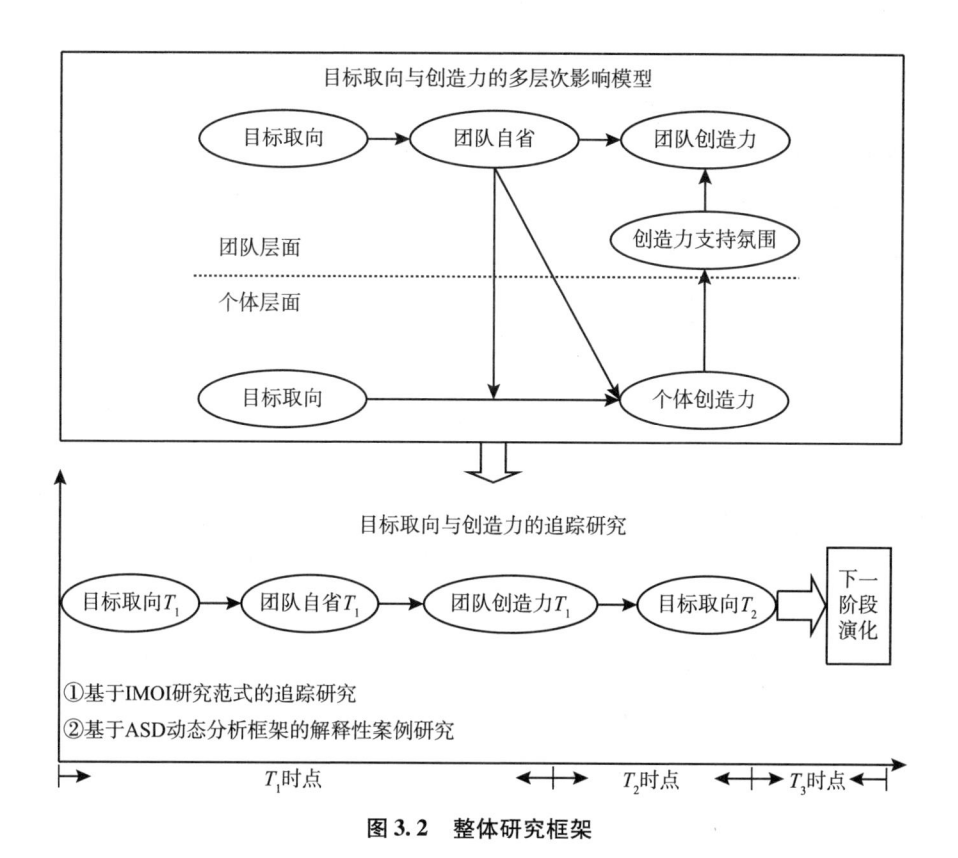

本研究整体研究框架主要分为两个子模块：

（1）目标取向与创造力的多层次影响模型。由于以往研究多数都仅从单一层面考察创造力的影响因素，这就导致不同层次的影响因素之间的跨层次交互作用难以被发现，并最终影响到研究结论的准确性。本研究拟用多层次研究方法，分别从个体和团队层面探讨目标取向与创造力的多层次影响关系；其中，主要研究问题包括：第一，个体和团队层次上，不同目标取向与创造力的关系；第二，团队自省在团队目标取向与团队创造力关系间起到中介作用，而在个体层面上，团队自省直接会对个体创造力产生影响，且在个体目标取向与个体创造力的关系间起到跨层次的调节作用；第三，探讨个体创造力与团队创造力的关系。

（2）目标取向与创造力的动态演化关系。已有经验研究表明，目标取向与创造力之间的静态研究无法准确描述两者之间的因果关系及动态演化规律。本研究拟分为两个子研究进行研究：其一，基于 IMOI 动态研究范式，并通过相关研究进行理论推演，构建了目标取向与创造力的动态演化关系，探讨目标取向与创造力动态关系的追踪分析；其二，基于 ASD 动态分析框架，通过深度访谈，对目标取向与创造力的动态演化关系进行解释性案例研究，以揭示目标取向与创造力的动态掩护过程。

3.5 研究小结

首先，在对相关理论进行总结的基础上，本章对各理论基础在研究框架中的相互关系进行了梳理，并以此为基础展开本研究理论模型的构建工作。其次，本章对基本概念进行了界定，基于此，本章进行了构思设计，包含研究问题、研究内容、研究方法及研究章节。最后，提出了研究模型的整体框架，在后续第 4 章至第 6 章将针对具体的研究内容进行详细介绍。

|第4章|
目标取向与创造力的多层次影响模型构建及验证

4.1 引 言

知识经济的快速发展,创造力是组织前进的不竭动力和源泉,也是组织竞争优势的重要来源(Shalley et al., 2004)。近年来,实务界和理论界越来越关注如何增强组织中的创造力(Hirst et al., 2009; Zhou & Shalley, 2008)。阿马比尔(Amabile, 1988)提出了创造力成分模型,认为专业领域相关技能、创造力相关技能及内在任务动机是创造力产生的三个基石。而目标取向因其注重知识和技能的获取、关注能力发展及避免负面评价(Vandewalle, 1997),从而与创造力成分模型中的技能获取和内在任务动机紧密相关,并且与创造力产生的过程具有显著地相关性(Gong et al., 2009; Hirst, Van Knippenberg & Zhou, 2009)。近年来,尽管许多学者开始认识到创造力应该发生在多个层次上,但先前大多数研究还是倾向于在同一个层次上研究创造力(Anderson, De Dreu & Nijstad, 2004)。本研究拟从团队和个体两个层面探讨目标取向对创造力的影响作用:一方面,团队目标取向益于团队主管及成员对团队整体学习、获得良好评价、超越其他团队或避免负面评价和失败的共同理解(Gully & Phillips, 2005),会影响团队的学习动机、成就态度及对不确定情景的反应(DeShon & Gillespie, 2005),因而有可能会影响团队创造力;另一方面,将个体目标取向(Elliot & Church, 1997; DeShon & Gillespie, 2005)看作一种激励导向,会影响个体的学习动机,且学习会促进创造性的活动(Amabile & Gryskiewicz, 1987),因而可能会影响其创造力。

管理实践活动中,一些组织已采用团队自省的方法进行团队管理,例如:通用电器、波音、可口可乐、IBM等大型企业通过应用源于美国军方的事后反省法(AAR)成功改造了团队的学习方式,上海大众、海尔等中国企业已认识到团队自省对团队研发的重要性,分别建立了海尔大学和上海大众汽车大学等学习型组织,鼓励积极的学习行为和公开反思,倡导个体进步和发展。然而,企业这种团队自省活动对团队和个体产生的效应是有区别的。因此,本研究的目标之一是了解团队自省在不同层面的目标取向与创造力关系中的行为效应。

个体创造力反映的是具有创造力的个体如何扮演自己的角色和完成任务。德瑞森等(Drazin et al., 1999)认为团队创造力要求团队成员的个体首先要参与到个体层次上的创造力,最后才能聚集到团队层面。然而,团队创造力不是简单的个体创造力的平均数,而是一种由个体创新行为所引起的社会性影响的综合体。虽然已有研究证明个体创造力有助于团队创造力的提升,但是两者之间的关系机制并不明确。因此,本研究试图通过自下而上的方式探讨个体创造力和团队创造力之间的关系。

本章的研究目的在于通过对大样本调查数据的统计分析,验证目标取向与创造力的多层次模型。其主体内容包括:个体层次"个体目标取向→个体创造力"的关系验证;团队层次"团队目标取向→团队自省→团队创造力"的关系验证;团队自省在个体层次影响关系中的跨层次调节作用;个体创造力与团队创造力的关系分析。

4.2 文献探讨与研究假设

4.2.1 个体创造力与团队创造力的多层次影响

创造力的早期研究主要聚集于个体层面，考察个体认知风格和人格特质等个体因素对创造力的影响（Shalley & Zhou，2004）。目前，越来越多的研究者不再从单一角度，而是选择交叉的研究视角来解释创造力，认为团队成员特征、创造氛围、创造过程不仅能够单一对创造力产生影响，而且还可以通过彼此间的交互作用对创造力产生影响。伍德曼等（Woodman, Sawyer & Griffin, 1993）提出了包含个体、团队和组织三层次的创造力理论模型，认为组织内个体创造力是个体和团队、组织环境之间复杂的互动结果。其中，个体层次的影响因素涉及个体的认知风格和能力、内在动机，如个体特征（Feist，1998）、情绪（George & Zhou，2002）、价值观（Shin & Zhou，2003）、自我效能（Gong, Huang & Farch, 2009）等；团队层次的影响因素包括宜于激发成员创造力的氛围、过程和特征，如团队多样化（Mannix & Neale，2005）、任务冲突（Farh, Lee & Farh, 2010）、交互记忆系统（王端旭和薛会娟，2011）、社会网络（彭灿，2011）等；组织层次的影响因素包括组织资源（Paramitha & Indarti，2014）、文化环境（Jehn，1999）等。综上所述，个体创造力不仅受其本身特质的影响，还会受其所处的团队情景的影响。

已有研究认为团队创造应该是个体与个体、个体与环境、群体与环境相互作用的结果。由此可以断定，团队创造力必然受到来自个体和团队两个层面的要素的共同影响，这也是团队创造的聚合观和整体观一致强调的核心所在。其中，个体层次的影响因素涉及个体特征及对情景的感知，如个人的性格（Oldham & Cummings，1996；Shalley, Zhou & Oldham, 2004）和认知风格（Amabile，1996），个人所具备的知识、创造技能、过去的经历，以及个体内在的创造动机（Ford，1996；Sommer & Pearson，2007）等等；同时，团队成员对环境氛围的即时感知也会通过情绪要素影响团队创造力（Oldham &

Cummings, 1996; Woodman, Sawyer & Griffin, 1993)。团队层次的影响因素涉及团队设计（团队结构、规模、类型等）、团队互动、团队情景等，如团队类型（Choi & Thompson, 2005; Isaksen & Lauer, 2002）、团队人员构成（Kurtzberg, 2005）、团队稳定性（Nemeth & Ormiston, 2007）、团队寿命以及团队规模（Leenders, Van Engelen & Kratzer, 2003）、任务/认知冲突、人际关系/情感冲突（Hanke, 2006; Chen & Chang, 2005）、任务类型、任务的复杂性和相互依赖性、任务目标、时间限制、项目生命周期（Chen, 2006）等。组织层次的影响因素主要聚焦于企业文化，如个人主义－集体主义（Goncalo & Staw, 2006; Zha et al., 2006）。

另外，个体创造力为团队提供了创新点或原材料，而成员之间的互动过程和团队的工作环境则决定着这些原材料能否转变为团队产出。有学者认为，个体创造力必须通过一定的整合机制，才能转化为团队创造力。这一机制包括：创新动机（Bass & Avolio, 1994）、信息反馈（Collins & Amabile, 1999）和组织协调（Brophy, 1998）等。由此可见，成员间的互动过程和团队氛围在个体创造力向团队创造力过程中起到重要的桥梁作用。

4.2.2 个体目标取向与个体创造力的关系

目标取向理论主要关注人们的学习动机与学习过程，早期研究者（Dweck et al., 1988）认为目标取向可以分为学习取向与绩效目标取向，并认为不同的目标取向表现出不同的动机和学习行为，前者关注能力增长和工作熟悉，塑造较强的学习动机和行为，而后者关注表现超出他人，对学习结果不利。但近期目标取向的研究者（Vandewalle, 1997）认为，人们可能被不同的外在因素激励，例如，接受奖励、与他人竞争、得到认可或者逃避批评。基于此，研究者将绩效目标取向进一步划分为证明取向和回避取向，其中，证明取向鼓励成员向别人证明自己的能力，而回避取向则是逃避因不好的绩效所带来的负面评价。

个体目标取向反映了个体自我发展的信念以及这种信念将如何引领其更好地融入所处环境中，因此，个体目标取向既可以作为相对稳定的特质变量，也可以作为随情景而变化的状态变量。佩妮（Payne, 2007）通过"元分析"

发现，目标取向比个体的认知能力与人格特征更能预测员工行为及其工作绩效。由此可见，个体目标取向对个体在动态复杂的情景中的行为和态度具有重要影响。本研究采用范德维勒（Vandewalle，1997）的三种目标取向模式：学习取向、证明取向及回避取向，分别探讨学习取向、证明取向及回避取向与个体创造力的关系。

首先，创造力成分理论研究总结了影响个体创造力的三个基石：专业领域相关技能、创造力相关技能与任务动机（Amabile，1988）。个体学习取向关注能力提高和对工作内容的熟悉，逐步培养一种只关注任务本身的内在兴趣，促进了个体的技能获取和内在激励，与创造力成分理论显著相关。学习取向通过引导专业领域相关技能和与创造力有关技能的提升为创造力提供"原料"（Amabile，1996）。为了获得这种技能和知识，个体应积极参与到学习过程和行为中，而学习过程与行为源自个体是否具有较强的学习取向（Dweck & Sorich，1999）。就创造力而言，高学习取向的个体具有明确的学习目标，更愿意接受挑战性的工作以提升自己的技能和知识，从而在工作中表现出更多的创造力活动。低学习取向的个体没有明确的学习目标，不愿意参与到学习活动中，因而在工作中也不会提出新的想法，不利于个体创造力的提升。学习取向鼓励个体在工作中产生创造性方法以此解决工作中存在的问题（Hirst et al.，2009；Gong et al.，2009；Janssen & Van Yperen，2004），有助于提升个体创造力。由文献和推论可知，个体学习取向会促进个体创造力。为此本研究提出如下假设：

假设1a：个体学习取向与个体创造力具有显著的正相关关系。

其次，高证明取向的个体容易受到他人认同、接受奖励等外部因素的影响，倾向于通过努力工作证明自身的能力和价值。有研究认为证明取向与个体创造力的关系主要受外部因素的影响（Hirst，Knippenberg & Zhou，2009），因此，两者暂无明确关系。这说明证明取向对个体创造力的影响机制有待进一步揭示和验证。对个体创造力而言，高证明取向的个体倾向于在主管和同事面前表现出好的工作绩效，例如：提出新颖的想法、知识分享行为等，以获取主管和同事的好评。尽管证明取向的个体所表现出的能力、知识及其绩效未必能得到上级主管的肯定和认同，但这会从客观上推动个体创造力。由文献和推论可知，个体证明取向对个体创造力有积极的作用。为此本研究提出如下研究假设：

假设1b：个体证明取向与个体创造力具有显著的正相关关系。

最后，高回避取向的个体认为个体能力是不会因为工作努力而得到改变的，且容易受到挫折和失败的影响产生退缩行为。他们害怕接受任务和挑战，害怕失败，甚至担心失败所带来的主管和同事对其的负面评价（Button，Mathicu & Zajac，1996）。对个体创造力而言，创造力本身就伴随着失败的风险，同时出现不胜任的可能性也会阻碍个体参与到有风险或者挑战性的创造性活动中。高回避取向的个体害怕创造力所带来的失败，对于提高工作绩效的新想法也不敢提出，不利于个体创造力的提升。由文献和推论可知，个体回避取向对个体创造力有消极的作用。为此本研究提出如下研究假设：

假设1c：个体回避取向与个体创造力具有显著的负相关关系。

4.2.3 团队目标取向与团队创造力的关系

团队创造力是团队成员提出关于产品、服务、过程与程序的新颖想法（Amabile et al.，1996）。团队创造力是团队层面的复杂创造互动过程，团队在外部需求的影响下，通过一系列创造过程，将团队任务特征、团队的多元化知识和技能等投入要素转化为创造性的产品、工艺、服务。

目标取向存在于团队层面，即团队目标取向。团队目标取向是团队成员关于团队氛围和成就目标的共同理解（Bunderson & Sutcliffe，2003；Dragoni，2005）。团队目标取向帮助团队成员共同理解团队倾向于学习或者绩效取向的程度，从而有助于团队决策制定、协作式问题解决以及团队内部的协调。由此可见，团队目标取向有益于指导团队成员的行为和态度。本研究拟采用波特（Porter，2005）提出的目标取向的团队组合概念，即团队目标取向——团队学习取向、团队证明取向与团队回避取向三个维度，探讨其与团队创造力的关系。

首先，团队学习取向代表了个体学习取向的平均水平，反映了团队整体的学习动机。团队学习取向帮助团队成员共同理解团队倾向于学习取向的程度，从而有助于团队决策制定、协作式问题解决以及团队内部的协调。

关于对团队学习取向的共享式的理解对团队过程和结果都有很重要的影响（Elliot & Church，1997）。团队学习取向表现出积极的学习动机和学习模式时，团队成员通过积极学习，表现出积极思考和提出新想法的态度，从而提出新的想法，推动团队创造力。贡等（Gong et al.，2009）以研发团队为研究对象，构建了团队目标取向对创造力跨层次影响模型，研究发现团队学习取向有利于促进创造力。团队学习取向可以将团队多元化的知识和技能等投入要素转化为创造性的想法、建议等，从而提高团队创造力。基于以上文献和推论可知，团队学习取向对团队创造力有重要的影响作用。由此，我们提出如下假设：

假设 2a：团队学习取向与团队创造力具有显著的正相关关系。

其次，团队证明取向代表了个体绩效证明目标取向的平均水平，反映了团队成员获得有益外部评价的共同目标，驱动其分享与任务有关的信息，进而聚集团队能量完成目标（Chen & Kanfer，2006）。已有研究表明团队证明取向有益于团队计划和合作的质量、团队成员间的合作（Weingart，1992；Weldon et al.，1991），形成共同利益。对团队创造力而言，较高的团队证明取向促进团队间的合作、知识和信息的分享及共同利益的形成，推动团队成员提出解决问题和实现共同目标的新想法和建议，进而提高团队创造力。而较低的团队证明取向则不利于团队成员间的知识和信息的分享，一定程度上抑制了团队创造力。由文献和推论可知，团队证明取向会促进团队创造力。为此本研究提出如下假设：

假设 2b：团队证明取向与团队创造力具有显著的正相关关系。

最后，团队回避取向代表了个体回避取向的平均水平，反映了团队成员避免错误和负面评价的共同目标，会阻碍团队成员间的信息交换。因此，回避取向高的团队首要的目标是避免犯错和负面评价，而不是积极获得更多的工作表现。对团队创造力而言，较高的团队回避取向导致团队成员避免挑战和不确定性所带来的成功，阻碍其为工作任务所进行创造性的活动，例如：新颖性的想法、知识分享等。较低的团队回避取向则有益于形成较高的工作氛围，在这种氛围下，团队成员不担心提出问题所带来的不利后果，甚至不害怕失败，进而团队成员积极参与到团队任务解决，一定程度上有益于提升团队创造力。由文献和推论可知，团队回避取向会阻碍团队创造力。为此本研究提出如下假设：

假设2c：团队回避取向对与团队创造力有显著的负相关关系。

4.2.4 团队自省对个体创造力的直接作用

组织行为领域的多层次理论认为，个体行为不仅仅受个体特征的影响，还会受到个体所处团队乃至组织层次的情景因素的影响。这些情景因素一方面会对个体行为产生直接的影响，另一方面也可能会强化或弱化个体特征与其行为间的关系（Hirst et al., 2009）。特征激活理论认为，个体对情境的知觉会调节其个人特征对行为的影响效果（Tett & Burnett, 2003），且确定的情景会影响个体由性格或特征所引起行为的程度（Kristof, 1996）。为了更好地理解影响团队中个体创造力的因素，越来越多的学者把团队情景因素纳入分析个体创造力影响因素中，探讨哪些情景因素能够促进或者阻碍个体创造力的提升。

已有研究认为团队自省包含社会支持、冲突处理、支持员工成长与积极的团队氛围（Swift & West, 1998；Ge & Yang, 2011），且对团队创新（Tjosvold & Tang, 2004）、团队绩效（Hoegl & Parboteeah, 2006）与团队有效性（Dreu, 2002）有显著的影响。而在团队自省与个体创造力的关系上，本研究进行如下推断：

首先，团队自省通过推动团队成员之间相互学习彼此关于目前任务、工作流程的观点，改变或者调整自己的观点，创造共同理解的氛围（Reiter-Palmon et al., 2012），进而增强对任务、工作流程的再思考。一方面，这会激励个体获取新知识和技能，而且知识和技能是创造力的基础，从而有可能会提高个体创造力；另一方面，这会增强个体间信任和沟通，提高了团队内部知识分享水平（Tjosvold & Tang, 2004），从而对团队任务和工作提出新的想法和建议，对个体创造力的提升产生积极的作用。

其次，团队自省作为团队过程，包含三个主要方面：信息交换和反思（包括对目标、战略、过程及过去绩效的讨论）、计划（重新审视目标和过程、转变战略）及调整（调整行为）（West & Anderson, 1996）。这三个方面之间的互动有益于塑造积极的氛围，帮助团队成员的成长，尤其是在对过去的反思和未来的准备方面。其中，在对过去反思方面，团队自省帮助团队成员对过去的错误进行修订，进而提出新的解决思路和想法，提高个体创造力；在对未来准备方面，团队成员要想在复杂动态的环境中立足，只有不断地吸取新知识和技能，提出新的问题解决方法，客观上促进了个体创造力。

此外，团队自省为团队成员提供了交流的平台（West & Anderson, 1996），促进了知识在个体间的相互流动，新想法在个体间相互交流，最终，帮助成员形成统一的思想和问题解决的方法，客观上促进了创造力。由文献和推论可知，团队自省对个体创造力会产生积极的影响。因此，本研究提出如下研究假设：

假设3：团队自省对个体创造力产生显著正向影响。

4.2.5　团队自省对团队目标取向与团队创造力的中介作用

团队自省是指团队成员公开讨论和反思团队目标、战略（决策制定）和过程，以期适应当前或预期的环境变化。团队自省具有双重焦点，即对过去所取得成就的反思以及对未来做好准备。团队自省倾向于讨论"元层次"问题（对组织过程、战略与团队目标的讨论和反思）。对目标和战略的公开反思有益于团队运行，且与员工满意度、团队承诺与团队创新存在相关关系。

目标取向理论被越来越多地用来解释个人心理气氛和工作团队气氛的构建，而团队气氛则有利于团队成员共享式理解：团队自省。团队学习取向在于通过内在学习动机达到全面、丰富和准确理解团队任务和提高自身的能力；这种学习动机激发了团队成员之间的信息搜集、交换和公开讨论，促进团队自省的发生。为了提高自身的知识和技能，团队成员会尽可能多的获得信息和向他人学习，与其他成员共享知识，从而提高团队成员对团队任务、目标的反思，最终激发团队自省。团队证明取向注重外部评价，必然吸引和驱使团队成员共享和讨论与工作任务有关的知识和目标，一定程度上有利于团队自省。团队绩效回避逃避错误和负面评价，会阻止团队成员进行信息交换和公开对团队目标的反思，最终不利于创造力的提升。

团队自省包含询问、回顾、评估、辩论和调整等多方面行为，不仅仅对已发生的事情进行反思（Paramitha & Indarti, 2014）。团队自省又是对过去反思和未来准备的统一。其中，在对过去反思方面，团队自省帮助团队成员对过去的错误进行修订，进而提出新的解决思路和想法，提高团队创造力；在对未来准备方面，团队成员要想在复杂动态的环境中立足，只有不断地吸取新知识和技能，提出新的问题解决方法，客观上促进了团队创造力。同时，已有研究表明新想法的交换和反思是提升其质量的两个基本条件（Jehn et al., 1999），且这两个条件是团队自省的核心体现（Dweck, 1986）。达维和巴塞瑞（Dayan & Basarir, 2009）研究认为对于从事产品研发的团队而言，善于自省的团队更易通过反思产生各种新奇的想法和创新动机，并将之付诸实践，这有助于创造力的提高。穆勒等（Müller et al., 2009）研究发现：较高自省的团队比缺乏自省的团队能够提出更多创新性的想法，从而推动团队创造力。基于以上文献和推论可知，团队目标取向通过团队自省对团队创造力产生重要影响。由此，我们提出如下研究假设：

假设4a：团队自省在团队学习取向与团队创造力的关系中起到中介作用。

假设4b：团队自省在团队证明取向与团队创造力的关系中起到中介作用。

假设4c：团队自省在团队回避取向与团队创造力的关系中起到中介作用。

4.2.6　团队自省对个体目标取向与个体创造力的调节作用

对团队自省调节作用的探讨，不仅可以将对个体创造力的研究视角由个体内部转向个体所处的团队环境因素，还可以为个体创造力的提升和管理提供理论依据。根据创造力成分模型与特征激活理论，团队自省作为团队情景因素，会调控个体特征引起个体行为的作用，因为团队自省可以营造一种共同理解和积极成长的氛围，积极促进（干预）推动（抑制）创造力提升。因此，本研究从个体-情景交互的视角探讨团队自省在个体目标取向与个体创造力之间的关系。

遗憾的是，已有研究尚未探讨团队自省对个体目标取向与个体创造力关系间起到调节作用。基于个体-情景交互理论和已有研究发现，本研究做如下推断：第一，具有学习取向的个体关注自身能力的提升，受内在动机的影响更愿意接受有挑战性的工作（Shin & Zhou，2007），在工作过程中提出新的想法，进而提高个体创造力。而在团队自省水平较高的情境中，团队成员对当前任务、策略公开反思，并提出新的或者建设性想法以期解决或者适应当前环境的变化（Tjosvold et al.，2004），因此，客观上促进团队成员间的学习取向，进而个体创造力也相应地增强，意味着团队自省会正向促进学习取向与其创造力的关系；若在团队自省水平较低的情景中，团队表现出较低的团队成员成长关注度（Schippers & West，2012），抑制团队成员的学习取向，最终不利于个体创造力的提升。第二，高证明取向的个体关注外在因素对其行为的影响。在团队自省水平较高的情境中，由于团队自省崇尚反思和合作的精神，并促进团队内部建设性争辩（Nederveen et al.，2011），激发具有证明取向的个体表现出更多的个体间互动行为，如知识分享（Drazin et al.，1999）、新想法争辩等，客观上促进了新想法不断淬炼，创造力得已提升；而在团队自省水平较低的情境中，个体缺乏对任务和目标等的反思，无法提出新颖性的想法，同时，个体间缺乏沟通、交流和建设性争辩等行为，抑制了个体的新想法提出，相比较而言，个体创造力也会降低。第三，回避取向的个体担心负面评价，害怕失败，所以他们的行为更易受外在动机的影响（Shin & Zhou，2007）。在团队自省水平较高的情境中，个体间的互动和合作较多，一定程度上帮助个体间相互了解，益于知识和想法在个体间的互动，减弱了失败所带来后果，最终减弱了回避目标取向对创造力的负面影响；而在团队自省水平较低的情境中，个体间的互动和合作较少，加重回避目标取向个体对挫折和失败所带来的负面评价，阻碍了新想法的提出，创造性活动减少。基于以上文献和推论，本研究提出如下研究假设：

假设5：团队自省调节个体目标取向与其创造力之间的关系，即高团队自省可以增强个体学习取向与证明取向对个体创造力的正向影响，减弱个体回避取向对个体创造力的负向影响。

4.2.7　个体创造力与团队创造力的关系

创造力的跨层次理论认为个体创造力是团队创造力构建的基石（Drazin et al.，1999）。塔格尔（Taggar，2002）研究认为个体创造力通过自下而上形式直接影响团队创造力。皮罗拉－莫洛和曼（Pirola-Merlo & Mann，2004）以54个研发团队为样本考察了团队成员创造力的三种加总方法与团队创造力的相关性后发现，团队成员创造力的平均水平与团队创造力的相关性最大，对其方差的解释度也最大。贡等（Gong et al.，2009）研究采用个体创造力的平均水平来探讨与团队创造力的关系。由此可见，个体创造力与团队创造力之间存在紧密联系，本研究拟采用贡等研究成果，将个体创造力平均化，探讨其自上而下对团队创造力的影响。

跨层次理论和研究认为在一个社会系统（如团队）中最基本的分析单元是个体行为（Kozlowski & Klein，2000）。个体行为在时间和空间中相互影响，产生社会性交互。这种运行系统和个体间的反应引起群体现象，例如：氛围（Morgeson & Hofmann，1999）等。氛围涉及在组织环境中受到支持、奖励的事件、实践及各种行为的共同感知（Schneider，1990），且氛围与特定的输出有关（Katz-Navon et al.，2005）（如安全、创造力），尤其是创造力支持氛围作为影响创造力产生过程的重要预测变量。另外，傅世侠等（2005）在构建科技团体创造力评估模型时发现，团队成员共同的认知目标会促进团队内部信息获取和交流，构建良好的团队内部创新氛围，对提升团队创造力有积极影响作用，而团队成员个体的创造力正是团队创造力的源泉。因此，本研究尝试将创造力支持氛围引入到个体创造力与团队创造力的关系中，并进行如下推断：

创造力支持氛围源于团队创新氛围（Anderson & West，1998），包含对创造力的规范或期望。在创造力支持氛围中，团队成员通过改进的、新颖的方式进行工作安排，努力提高创造力，进而影响他人提出新的想法，最终提高整体创造力（Gong et al.，2013）。创造力支持氛围帮助团队成员提出创造性的想法，并将其与其他成员进行沟通和讨论。其中，团队成员的某些想法可能成为影响其他成员的创造力的因素，且团队成员想法的结合和整合可能会决定团队创造力。另外，团队成员交互形成的氛围，有助于将个体层面的知识、技能与能力整合为团队或者组织层面资源（Ployhart & Moliterno，2011）。在创造力领域中，创造力支持氛围能够增强团队创造力，且作为连接个体创造力与团队创造力的重要过程。因此，我们提出如下研究假设：

假设6：个体创造力平均水平与团队创造力具有显著的正相关关系。

假设7：个体创造力平均水平通过创造力支持氛围对团队创造力产生积极影响。

在相关理论综述的基础上，根据研究假设，确定研究的概念模型如图4.1所示。因本研究主要分析目标取向对创造力的多层次研究，所以在概念模型中自变量为团队和个体层次的目标取向，团队自省为团队层次的中介变量及跨层次的调节变量，创造力支持氛围为中介变量，个体创造力和团队创造力为因变量，如图4.1所示。

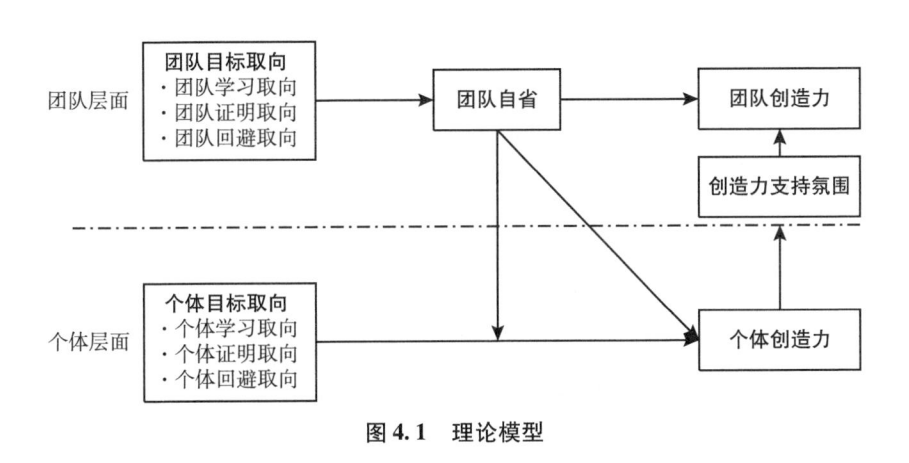

图 4.1 理论模型

4.3 研究方法

4.3.1 多层次分析技术

本研究考察的变量涉及了个体及团队两个层面，数据呈现出明显的嵌套特点。若研究的处理仅限于个体层面进行，会忽略个体的情景因素和群体身份，致使观察到的效应既包括个体效应也包括团队效应，结果会低估估计值的标准误；但如果变量仅从团队层面考虑，又会忽略个体信息，可能使原本显著的效应因分组特性与研究变量无关而变得不再显著。

多层次分析模型为研究具有分级结构的数据提供了一个方便的分析框架，

研究者可以利用该框架系统地分析微观和宏观因素对结果产生的多层次影响效果，检验宏观变量如何调节微观变量对结果变量的效应，以及个体水平解释变量是否影响组间水平解释变量的效应。通过多层次模型分析，能够将结果测量中的变异分解成组内变异和组间变异，因而可以考察变量在个体水平和团队水平相对变异的情况。因此，本研究采用多层次分析方法验证目标取向与创造力的多层次作用关系。

4.3.2 数据处理工具

本研究对回收的有效数据进行了如下处理：

（1）采用 SPSS 20.0 和 AMOS 20.0 软件包进行了描述性统计分析、CITC 检验、验证性因子分析。

（2）选择由 Scientific Software International 公司设计的 HLM 6.08 正版商业软件进行了多层线性模型分析。

4.4 调查问卷设计

4.4.1 社会称许性偏差处理

社会称许性（social desirability）偏差是指：个体的行为由于受到文化价值观的影响而趋同社会所接受的方式和程度。在调研中，很多被访者为了给别人留下良好、正面的印象，在回答问题时总会展示出积极的自我倾向，会降低调研数据的真实性。本研究中当谈及个体社会网络与职业成功的影响关系的敏感话题时，采用了以下方法降低社会称许性偏差以提高测量数据质量。

（1）在调研之前，从企业的人力资源经理处拿到调研对象的基本资料，在调研问卷上做上编号，并将编号进行记录和配对。在实际调研中进行匿名调研，并强调问卷属于学术研究目的，研究负责人会承诺信息保密，以消除被调研管理者的心理负担。

(2)由于本研究调研的对象是企业管理层,我们尽量避免集中填写问卷的形式,而是采用每人一个信封,在信封口贴好双面胶,被访者填好问卷后,自行封口,投入封闭信箱中,以减轻被访者的心理顾虑。

(3)在问卷的题目设计方面,题目的措辞经过人力资源专家的讨论,避免使用敏感词汇造成被访者的警惕和顾虑,并在题目的顺序编排中给予合理设置。

4.4.2 同源偏差处理

同源偏差(common method variance)是指,由于同样的数据来源或者同一评分者、同样的测量环境、项目语境以及项目本身特征所造成的预测变量与校标变量之间认为的共变(Podsakoff et al.,2003)。消除的一类方法是在研究前尽可能使用提高事前预防的措施,本部分研究使用了答卷者信息隐匿法和选项重测法,这在一定程度上起到了预防作用。

检测同源偏差的常见方法是潘德斯科夫和奥甘(Podsakoff & Organ,1986)建议的哈曼(Harman)单因子检测方法:问卷所有条目一起做因子分析,在未旋转时得到的第一个主成分,反映了 CMV 的量。

4.4.3 研究工具的选择

本研究主要涉及以下变量的测量,分别是:个体创造力、团队自省、目标取向、团队创造力、创造力支持氛围。关于量表的选择,本研究尽量使用比较成熟的量表,确保一定的信度和效度,并对量表进行翻译修订,确保适合中国企业的实际情况以及中国人的语言习惯。

(1)个体创造力量表。个体创造力的测量采用蒂尔尼和法默(Tierney & Farmer,2004)开发的量表,共 6 个题项。示例题项如:"对于所从事领域的知识能够非常快且准确透彻地理解""能够提出一些新颖的、有意义的研究问题""对于科研问题有新的想法"。

(2)团队自省量表。团队自省的测量采用斯威夫特和韦斯特(Swift &

West，1998）开发的简短量表与席佩斯等（Schippers et al.，2003）开发的量表，共9个题项，示例题项如："执行任务之前我们会花时间讨论完成任务的各种方法""团队任务完成后我们会对任务完成情况进行全面评估"。

（3）目标取向量表。目标取向的测量采用范德维勒（Vandewalle，1997）开发的量表，该量表包含三个维度，共13个题项，其中学习取向5个题项、证明取向4个题项、回避取向4个题项。目标取向在本研究中分为两个层次：团队目标取向与个体目标取向。范德维勒开发的量表是面向个体层次，即个体目标取向，示例题项如："我喜欢挑战性和困难的任务，这样我才能学到新的东西"；团队目标取向需要根据指示物转移模型（构念的基本意义不变，指示物转向团队层面）进行测量，示例题项如："我们团队喜欢挑战性和困难的任务，这样我们才能学到新的东西"。

（4）团队创造力量表。团队创造力参考汉克（Hanke，2006）、陈和昌（Chen & Chang，2005）的研究成果，以及焦点小组访谈和开放式问卷调查等方法，结合团队情境修正得到团队创造力的初始测量条款，并通过小样本测试分析形成本研究团队创造力的正式测量量表，共12个题项。示例题项如："团队经常想出一些新颖性的解决问题的方式、方法""团队经常提出与过去差异显著的想法"。

（5）创造力支持氛围。创造力支持氛围采用安德森和韦斯特（Anderson & West，1998）开发的量表，包括5个题项。示例题项如："我们的团队以追求新的解决问题的方法"。

本研究的量表主要来自西方成熟量表，因此需要在中国背景下对这些量表的条目进行一定的修正，我们通过以下两项工作对量表进行初步修订。第一，对所借鉴的国外成熟量表进行双盲翻译。首先由2名管理学博士并行地、双盲地（double-blind）将量表由英文翻译成中文，然后讨论和确定合适的中文译句。再请另外2名管理学博士并行地、双盲地将中文译句翻译成英文。然后由以上4名博士一起讨论，对那些与原英文明显差异的译句进行详细讨论，修改中文译句。第二，小组讨论（陈永霞等，2006）。在上海与杭州，笔者分别与2名资深企业技术人员对问卷条目按下面问题逐一讨论：第一，该条目意思清楚吗？第二，该条目有意义吗？第三，对于该条目，评价刻度清楚吗？第四，对该条目，评价刻度有意义吗？第五，对该条目，你认为参与者的回答会有差异吗？第六，问卷中每部分的指导性语言的意思是否明确？第七，其他建议。经过初步研究工作，我们对不太符合汉语表述习惯的条目在措辞上做了少许改动。

控制变量。为提高研究准确性，本研究以性别、年龄、工龄、学历、职称、职位、团队成立时间、团队工作时间为控制变量。除部分控制变量之外，各变量题项均采用 Likter 5 点量表进行测量，以此衡量样本对于各问题的同意程度，1 至 5 分别代表"完全不同意"到"完全同意"。本章研究中各测量量表的特征汇总如表 4.1 所示。

表 4.1　　　　　　　研究中各测量量表的特征汇总

量表	维度	题项数	评分人	变量特征	团队数据产生方式	量表来源
个体创造力	单维	6	团队主管	整体特征	加总平均	Tierney & Farmer（2004）
团队自省	单维	9	团队成员	共享特征	加总平均	Swift & West（1998）Schippers（2003）
目标取向	学习取向	5	团队成员	生成特征	加总平均	Vandewalle（1997）
	证明取向	4				
	回避取向	4				
团队创造力	有用性	6	团队主管	共享特征	加总平均	Chen & Chang（2005）Hanke（2006）
	新颖性	6				
创造力支持氛围	单维	5	团队成员	共享特征	加总平均	Anderson & West（1998）
控制变量	性别	1	团队成员	整体特征	直接测量	—
	年龄	1	团队成员	—		
	工龄	1	团队成员			
	学历	1	团队成员			
	职称	1	团队成员			
	职位	1	团队成员			
	团队成立时间	1	团队主管			
	团队工作时间	1	团队主管			

4.5 研究样本

4.5.1 样本描述

抽样设计影响到数据的代表性与科学性，从而影响到研究结论。基于此，本研究主要考虑以下几个问题：第一，研究对象的选择。为契合本研究主题，本研究在选取样本时，有意识地选择不同所有制及不同地域的企业；团队样本选取时，则选择技术创新活动频繁的知识和技术型团队，对团队的性质如长期团队或临时团队则不做要求；团队成员样本选取时，则选择知识型和技术型员工。第二，减少同源误差。为减少分析资料来源相同而产生的同源误差，将问卷分为团队主管问卷与团队成员问卷，且注意主管与成员样本的配对。第三，团队数据的产生。由于部分团队层次变量的衡量，需将个人填写结果加总平均为团队资料，因此需要较为完整的团队成员资料，此外，在产生团队层次资料之前，必须先检查团队内部成员的回答一致性。

本研究采取方便抽样的方式，主要通过两种渠道进行了样本数据的收集。一是研究者组织的问卷调查。主要在上海、杭州、济南、南京、苏州、北京、沈阳等地进行，调查采取当场填写当场回收的方式。问卷发放之前，先确定接受调查团队的人数，以确定问卷发放数量。每一个团队成员问卷填完后，立即装入已备信封中，然后以团队为单位与其他成员及主管问卷一并装入信封，并将信封装订以防与其他团队混淆，此时即为完成一份团队调查。该部分调查主要使用纸质问卷进行调查。二是由联络人联系并组织的调查，主要是在深圳、成都、云南一带进行，调查前笔者先与联络人通过邮件和电话沟通，待联络人对调查信息和程序充分掌握后，再进行问卷调查，调查程序与第一种渠道相同。该部分调查主要使用电子问卷进行调查。

具体调查过程如下：2012年10月至2013年6月期间，共向130个技术或者知识团队（来自37家企业）进行问卷发放，问卷分为纸质问卷和电子问卷两种。共向130个研发团队的551名团队成员及其主管发放问卷，并进行了配对和编号。其中团队主管主要是对个体创造力进行评价，团队成员主要对自身的背景信息及个体和团队目标取向、团队创造力与团队自省进行评价。本次问卷调查共回收卷504份，问卷回收率为91.5%。由于本研究模型涉及团队和个体两个层次的变量，因而在选择有效问卷时遵循样本的剔除标准：①对于填写不完整问卷，若仅有个别遗漏可采用缺失值处理；若遗漏题项过多，则需要将该样本剔除；②检查被访者是否认真填写问卷，若对所有测量项目或者大多数测量题项打分一致、呈现"Z"型或者"中间"型的问卷予以删除；③因本研究涉及团队层面变量，需将团队成员有效问卷回收数低于团队成员总数1/2的团队样本予以剔除，否则无法保证团队数据的稳定性。因此，在剔除无效问卷后，最终得到有效团队样本110个，问卷共计496份（团队成员386份，团队主管110份）。调查的具体情况见表4.2至表4.4所示。

表4.2　　　　　　　　团队成员样本特征（$n=386$）

团队成员样本特征		样本数（名）	样本比例（%）
性别	男	239	61.9
	女	147	38.1
年龄	25岁以下	48	12.4
	25~35岁	217	56.2
	36~45岁	88	22.8
	45岁以上	33	8.5
工龄	2年以下	73	18.9
	3~10年	184	47.7
	11~20年	73	18.9
	20年以上	56	14.5
学历	大专及以下	11	2.8
	本科	26	6.7
	硕士	232	60.1
	博士	117	30.3

续表

团队成员样本特征		样本数（名）	样本比例（%）
职称	初级	195	50.5
	中级	148	38.3
	高级	43	11.1
职位	基层	290	75.1
	中层	77	19.9
	高层	19	4.9

表 4.3　　　　　　团队主管样本特征（$n=110$）

团队主管样本特征		样本数（名）	样本比例（%）
性别	男	78	70.9
	女	32	29.1
年龄	25 岁以下	2	1.8
	25~35 岁	33	30.0
	36~45 岁	54	49.1
	45 岁以上	21	19.1
学历	本科	23	20.8
	硕士	78	71.0
	博士	9	8.2
团队成立时间	1 年以下	13	11.8
	1~2 年	28	25.5
	2 年以上	69	62.7
加入团队时间	最短为 1 年，最长为 21 年，均值为 3.71，标准差为 2.75		
团队人数	最少为 2 人，最多为 29 人，均值为 4.5，标准差为 3.6		

表 4.4　　　　　　　　　　企业样本特征（$n=37$）

企业样本特征		样本数（家）	样本比例（%）
企业性质	国有企业	11	29.7
	民营企业	18	48.6
	三资企业	8	21.6
企业规模	49 人以下	2	5.4
	50～99 人	8	21.6
	100～499 人	21	56.8
	500 人以上	6	16.2
所属行业	通信制造	4	10.8
	机械制造	11	29.7
	软件服务	7	18.9
	新能源	3	8.1
	建筑材料	3	8.1
	生物医药	6	16.2
	其他	3	8.1

4.5.2　数据正态性检验

结构方程模型对数据要求比较严格，所测数据必须服从正态分布。黄芳铭（2005）研究指出：当偏度绝对值大于 3.0 时，一般被视为是极端的偏态；而峰度绝对值大于 10.0 时，表示峰度有问题；若峰度大于 20.0 时，被视为是极端的峰度。因而，仅偏度绝对值小于 3.0 且峰度绝对值小于 10.0 时，其数据特征属于非严格标准的正态分布，这种轻微的情况不会对参数估计结果造成显著影响（侯杰泰、温忠麟和成子娟，2004）。本研究采用 SPSS 统计软件计算测量题项的偏度值和峰度值。统计结果显示，各个测量题项的偏度值介于 0.126～0.107 之间，峰度值介于 0.029～1.623 之间，远低于偏度值和峰度值的上限标准。因此，本次问卷调查回收的数据分布非严格服从标准正态分布，但不会影响统计结果的效度分析过程。

4.5.3 共同方法偏差的检验

对于共同方法偏差的检验，本研究参考周浩和龙立荣（2004）的做法，采用哈曼单因素检验。研究者将研究涉及的全部变量进行探索性因子分析，共分析出 11 个特征值大于 1 的公因子，解释了总方差的 69.755%；其中解释力度最大的公因子特征值为 13.964，解释了总方差的 29.711%。检验结果表明，并未出现一个公因子或某一个单独因子解释了所有变量的大部分协方差的情况。同时，巴里克等（Barrick et al., 1998）研究指出，当研究变量的测量在多个层面进行测量时，共同方法偏差对研究结果的影响效果较小。由于本研究的团队创造力并非由个体创造力直接汇总而来，而是由特有的量表进行测量，即研究变量涉及两个层次的构念，因而共同方法偏差问题对本研究的研究结果影响较小，可以忽略不计。

4.5.4 缺失值处理

已有研究指出，针对有效样本中缺失值的处理方法包括插补法、常数替代法和删除法。相比较而言，删除法操作简单但会错过样本隐藏的重要信息；常数替代法不会损失信息但主观性推测较强，容易引起数据的偏离（张奇，2009）。本研究为了保证数据客观性且不损失样本信息，拟采用插补法对缺失值进行处理。在各类统计软件中，SPSS 提供了五种缺失值的估计插补值：序列替代值、临近点均值、附近点中位数值、线性插值和线性趋势值。同时，由于同一团队内的成员之间所提供的评价数据可能存在一定的相似性，因而本研究采用线性插补法进行缺失值处理，其具体操作过程通过 SPSS 软件的分析模块完成。

4.6 团队层面数据聚合检验

本研究是属于多层次水平的，团队目标取向、团队自省及创造力支持氛围的测量是在个体水平上进行的,因此需要检验团队层面数据聚合的合理性。若检验通过,才可以将个体水平上数据聚合到团队层次,形成团队层次变量的数据。检验数据聚合的可靠性指标有 r_{wg}、ICC(1)、ICC(2)等,这些指标具有一些重要的理论意义和验证价值,r_{wg} 是用来评价组内一致性的,而ICC(1)、ICC(2)都是对组内差异和组间差异的比较。采用哪个指标需要根据理论和资料确定,即根据所研究的构念类型和构成模式选择不同的验证指标。而侯杰泰、温忠麟和成子娟(2004)认为验证指标用得越多说服力越大。因此,本研究拟计算群体内部一致性系数 r_{wg}(James,1993)与组内相关系数 ICC(1)与 ICC(2)(Bartko & Carpenter,1976),以此验证个体层次数据聚合到团队层次的合理性。

4.6.1 组内一致性检验

科兹洛夫斯基和哈川普(Kozlowski & Hattrup,1992)研究指出,组内一致性(with-group agreement)是指回答者对构念反应一致性的程度,常用的判断指标是 r_{wg},其计算公式如下:

$$r_{wg}(j) = \frac{J[1-(\overline{S_{xy}^2}/\sigma_{eu}^2)]}{J[1-(\overline{S_{xy}^2}/\sigma_{eu}^2)]+(\overline{S_{xy}^2}/\sigma_{eu}^2)} \tag{4.1}$$

其中,S_{xy}^2 是指在 J 个问项所观察的方差的平均数,σ_{eu}^2 是期望的随机方差,$r_{wg}(j)$ 则是在 J 个平行的问项上所有回答者的组内一致度。已有研究指出,$r_{wg}(j)$ 取值介于 0~1 之间,越接近 1 表示团队内个体成员评分一致度越高,一般情况下,$r_{wg}(j)$ 采用 0.7 作为其判定临界值。

4.6.2 组内相关 ICC(1)和 ICC(2)

组内相关 ICC(1)和 ICC(2)是检验研究变量是否有足够组间差异的指标。研究者通过 HLM 分析,首先得出变量的组间方差和组内方差,进而得出研究变量的组内相关 ICC(1)。

ICC 通过运行方差分析,可以获得组间均方(mean square between groups,MSB)和组内均方(mean square within groups,MSW),套用公式:

$$\mathrm{ICC}(1) = \frac{\mathrm{MSB} - \mathrm{MSW}}{\mathrm{MSB} + (k-1) \times \mathrm{MSW}} \quad (4.2)$$

$$\mathrm{ICC}(2) = \frac{\mathrm{MSB} - \mathrm{MSW}}{\mathrm{MSB}} \quad (4.3)$$

已有研究认为ICC（1）的取值范围通常在0~0.50之间，但是此判断范围可能受到样本量的影响，故需进一步验证组间方差的显著性。陈和布莱斯（Chen & Bliese, 2002）研究认为ICC（1）和ICC（2）符合数据聚合的判断标准：ICC（1）>0.12、ICC（2）>0.7。

经对本研究全部样本数据进行计算，各变量的聚合检验指标值如表4.5所示。各研究变量都满足r_{wg}>0.7、ICC（1）>0.12、ICC（2）>0.7，符合数据聚合的判断标准。

表4.5　　　　　　　各变量多水平数据的聚合检验

项目	r_{wg}	ICC（1）	ICC（2）
团队学习取向	0.78	0.29	0.77
团队证明取向	0.82	0.35	0.85
团队回避取向	0.86	0.41	0.88
团队自省	0.83	0.37	0.86
创造力支持氛围	0.91	0.31	0.81

4.7　信度与效度检验

信度与效度检验是保证数据分析结果准确性的重要条件，因此在进行假设检验之前，本研究首先对问卷测量的信度与效度进行评估。所谓信度（reliability）表示测量工具的内部一致性（internal consistency）和稳定性（stability）程度，它用于考察问卷测量的可靠性（李怀祖，2004）；效度（validity）是指测验指标能正确测量出所要衡量事物性质的程度，即测量结果的准确性，它揭示了变量和测量题项间的关系。

4.7.1 信度分析

信度系数越高，表示同一测量表内各个题项的测量值受误差的影响越小，测量题项就会在不同受访者的回答之间有一致的变动方式并能够反映真实状态。本研究拟采用测量信度的指标包括：

(1) Cronbach's α 信度系数用于分析测量项目的一致性，多数研究者认为大于 0.7 是一个较为合适的判断标准，且删除题目的 Cronbach's α 信度系数可以作为删除条款的依据。

(2) CITC 指在同一变量维度下，每一个测量题项与其他所有测量项目之和的相关系数；一般情况下，CITC 小于 0.5 的测量条款应予以删除。

各变量的信度检验结果如表 4.6 所示。

表 4.6　　　　　　　　变量信度检验结果

变量	项目	CITC	删除该条款后 Cronbach's α 系数	Cronbach's α 系数
学习取向	TL1	0.626	0.812	0.844
	TL2	0.654	0.803	
	TL3	0.663	0.802	
	TL4	0.620	0.816	
	TL5	0.678	0.796	
证明取向	TP1	0.633	0.749	0.813
	TP2	0.611	0.759	
	TP3	0.735	0.778	
	TP4	0.716	0.794	
回避取向	TA1	0.821	0.860	0.902
	TA2	0.828	0.857	
	TA3	0.772	0.877	
	TA4	0.707	0.900	
团队自省	TR1	0.527	0.884	0.887
	TR2	0.651	0.873	

续表

变量	项目	CITC	删除该条款后 Cronbach's α 系数	Cronbach's α 系数
团队自省	TR3	0.574	0.879	0.887
	TR4	0.615	0.876	
	TR5	0.758	0.863	
	TR6	0.592	0.878	
	TR7	0.754	0.864	
	TR8	0.579	0.879	
	TR9	0.696	0.869	
创造力支持氛围	CA1	0.605	0.857	0.865
	CA2	0.731	0.825	
	CA3	0.729	0.829	
	CA4	0.806	0.807	
	CA5	0.586	0.863	
个体创造力	IC1	0.658	0.848	0.867
	IC2	0.539	0.865	
	IC3	0.710	0.836	
	IC4	0.682	0.841	
	IC5	0.717	0.835	
	IC6	0.691	0.840	
团队创造力	TC1	0.522	0.880	0.886
	TC2	0.637	0.874	
	TC3	0.586	0.877	
	TC4	0.510	0.881	
	TC5	0.526	0.880	
	TC6	0.570	0.883	
	TC7	0.750	0.867	
	TC8	0.650	0.873	
	TC9	0.692	0.870	
	TC10	0.602	0.876	
	TC11	0.627	0.875	
	TC12	0.528	0.882	

由表4.6可知，未删除任何条款的各变量 CITC 均大于0.5，Cronbach's α 系数均大于0.7，因此，各测量量表的内部一致性信度较好，均满足研究的要求。

4.7.2 效度分析

效度一般分为内容效度和构思效度。内容效度是指该测量工具是否涵盖了它所要测量的某一构念的所有项目，其更多的是依据研究者在定义上或者语义上的判断，实质上，内容效度是一种质性的效度，主要依赖于逻辑的处理而非统计上的处理分析，依赖于研究对象对理论定义的认同（李怀祖，2004）。本研究所采用的测量量表从两个方面保证其内容效度：第一，本研究测量题目的设置多数都参考了已有的成熟量表，且这些量表都经过大量经验研究的检验，得到了相关领域学者的认同；第二，在借鉴成熟量表的过程中，本研究采用双向翻译的方法以提高量表的内容效度。构思效度主要反映与构念的维度结构相关的信息，即实际测评的结果与所构建的理论构念的一致性程度，包括收敛效度与区分效度。收敛效度是指不同测量题项是否在测量同一变量，而区分效度则是指不同变量间是否存在显著性差异。

收敛效度可以由潜变量提取的平均方差抽取量（average variance extracted, AVE）测量。AVE 评价了观察变量相对于测量误差而言所解释的方差总量，AVE 越大，观察变量对潜在变量解释的总体方差越大，相对的测量误差越小；一般的判别标准为 AVE 的取值要大于0.5（吴明隆，2009）。

对于区分效度的简单检验方法，将平均方差抽取量 AVE 的平方根与该潜变量和其他潜变量之间的相关系数进行比较；若前者大于后者，则说明每一个潜变量与其自身的测量项目分享的方差，大于与其他测量项目分享的方差，从而说明测量工具具有较好的区分效度（Bock, Zmud & Kim, 2005）。

一般而言，验证性因子分析（confirmatory factor analysis, CFA）是检验构思效度的常用方法。CFA 属于结构方程模型（structural equation model, SEM）的一种次模型，为 SEM 统计分析方法的一种特殊应用。SEM 中有两个基本的模型：测量模型（measurement model）和结构模型（structural model）。测量模型描述的是潜变量（latent variable）与观察变量（observable variable）之间的关系；结构模型则描述潜变量之间的关系。CFA 的本质是使用结构方程模型的测量模型验证潜变量与观察变量之间的关系。

采用验证性因素分析验证测量量表的效度时,首先需要选择合适的模型适配度指标。本研究拟采用测量效度的适配度指标包括:

(1) χ^2/df 为卡方自由度比,用于检验理论模型估计矩阵与观察数据矩阵之间是否匹配,通常 χ^2/df 越小,说明模型拟合效度较佳。一般情况而言,χ^2/df 小于2时,表明假设模型的适配度较佳,但也有学者认为 χ^2/df 小于5时,假设模型尚可接受(侯杰泰、温忠麟和成子娟,2004)。

(2) GFI 为适配度指数(goodness-of-fit index),类似于回归分析中的决定系数 R^2,表示假设模型协方差可以解释观察数据协方差的程度,是小于1的值,GFI 越接近于1,表明假设模型的契合度越高。由于 GFI 容易受到样本大小的影响,已有研究利用自由度和变量个数来调整 GFI,由此产生 AGFI(黄芳铭,2005)。AGFI 为调整后适配度指数,其数值越接近于1,表明假设模型契合度越高。在模型估计中,GFI 通常会高于 AGFI 的取值;GFI 和 AGFI 的判断标准是一致的,其取值大于 0.9 时,模型可以接受(Bagozzi & Yi, 1998)。

(3) RMSEA 为平均"近似"平方误系数(root mean square error of approximation),其主要用来比较假设模型与完美契合的饱和模型之间的差异程度,值越大表示假设模型越不理想;一般情况下,当 RMSEA 的数值高于 0.10 时,表示模型拟合度欠佳;其数值在 0.08~0.10 时,表示模型拟合度尚可;在 0.05~0.08 时,表示模型拟合度良好;而其数值小于 0.05 时,表示模型拟合度非常好(Browne & Cudeck, 1993)。

(4) 相对拟合效果指标(NFI、CFI):该类指标试图借用一些可借鉴或者可比较的标准与自身进行比较,以此检验模型的拟合效果。NFI 为规范拟合度指数,CFI 指标值是一种改良式的 NFI 指标值,其反映了假设模型与一个观察变量之间没有任何共变假设的独立模型的差异程度。一般而言,NFI 和 CFI 的取值介于 0~1 之间,数值越大表示模型拟合度越佳,通常这些指标大于 0.9 才能视为模型具有理想的拟合度(Hu & Bentler, 1999)。

本研究采用的拟合度指标如表 4.7 所示。

在进行量表的信效度检验时,仅涉及量表测量本身问题的探讨,而未涉及研究模型假设模型的验证,故选取未经加工的个体层面数据进行分析更为合适。

表 4.7　　　　　　　　　　　研究采用的拟合度指标汇总

拟合指标	取值范围	临界值
$\chi^2/\mathrm{d}f$	$[0, +\infty]$	$[0, 5)$
GFI	$[0, 1]$	$(0.9, 1]$
AGFI	$[0, 1]$	$(0.9, 1]$
RMSEA	$[0, +\infty]$	$[0, 0.08)$
NFI	$[0, 1]$	$(0.9, 1]$
CFI	$[0, 1]$	$(0.9, 1]$
AVE	$[0, 1]$	$(0.5, 1]$

4.7.2.1　目标取向量表的效度检验

根据理论构建，目标取向量表包括学习取向、证明取向和回避取向三个维度，学习取向包括 5 个观测指标，证明取向和回避取向分别包括 4 个观测指标，据此，目标取向量表的验证性因素分析模型设定如图 4.2 所示。

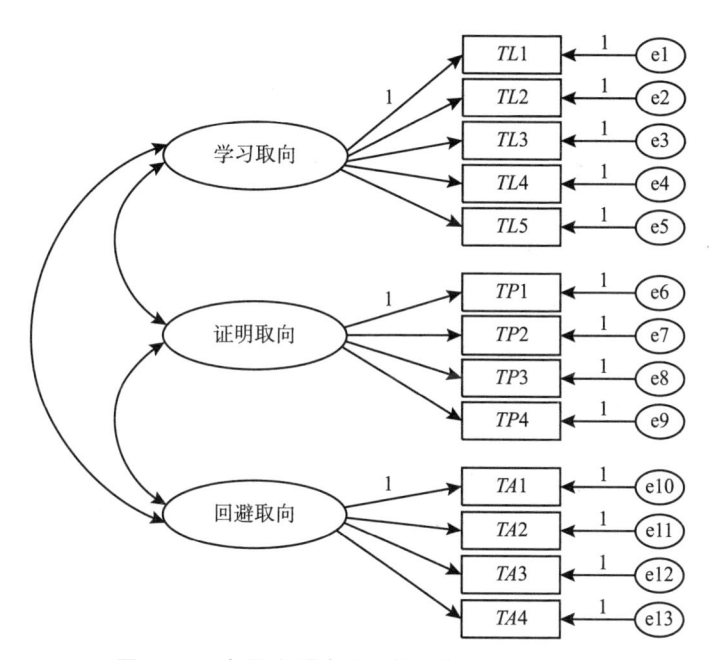

图 4.2　目标取向量表验证性因素分析模式设定

目标取向量表验证性因素分析结果如表 4.8 所示。

表 4.8　　　　　　　目标取向量表验证性因素分析结果

潜变量	项目	标准化负荷	测量误差	AVE
学习取向	TL1	0.70	0.51	0.53
	TL2	0.74	0.45	
	TL3	0.74	0.45	
	TL4	0.71	0.50	
	TL5	0.73	0.47	
证明取向	TP1	0.81	0.34	0.62
	TP2	0.82	0.33	
	TP3	0.75	0.44	
	TP4	0.78	0.39	
回避取向	TA1	0.89	0.21	0.71
	TA2	0.91	0.17	
	TA3	0.81	0.34	
	TA4	0.74	0.45	
拟合优度指标	\multicolumn{4}{c}{$\chi^2/df = 1.621$；RMSEA $= 0.077$ GFI $= 0.982$；AGFI $= 0.926$；NFI $= 0.946$；CFI $= 0.933$}

由表 4.8 可知，模型的 χ^2/df 为 1.621，小于临界值 5；RMSEA 为 0.077，小于临界值 0.08；GFI、AGFI、NFI 和 CFI 均在 0.920 以上，大于临界值 0.900。由此可知，目标取向的测量模型拟合优度的各项指标均在模型接受的临界值范围内，模型从整体而言拟合程度良好，故可接受该测量模型。该模型的收敛效度由潜变量提取的平均方差抽取量（AVE）检验，学习取向、证明取向与回避取向的平均方差抽取量分别为 0.53、0.62 和 0.71，大于收敛效度检验的标准值 0.50，故认为该潜变量具有较好的收敛效度。区分效度主要通过 AVE 的平方根与潜变量之间的相关系数来评价。若 AVE 的平方根大于潜变量之间的相关系数，则说明不同潜变量的测量指标之间具有明显的区分效度。由表 4.9 可知，潜变量 AVE 的平方根分别为 0.73、0.79 和 0.84，远

大于潜变量之间的相关系数0.43，表明潜变量之间区分效度良好。

表4.9 目标取向三维度间的相关系数表

潜变量	学习取向	证明取向	回避取向
学习取向	**0.73**	—	—
证明取向	0.43	**0.79**	—
回避取向	-0.38	-0.06	**0.84**

注：表中加粗数据为平均方差抽取量的平方根$\sqrt{AVE}$。

4.7.2.2 团队自省量表的效度检验

根据理论构建，团队自省为单维变量，包括9个观测指标，据此，团队自省量表的验证性因素分析模型设定如图4.3所示。

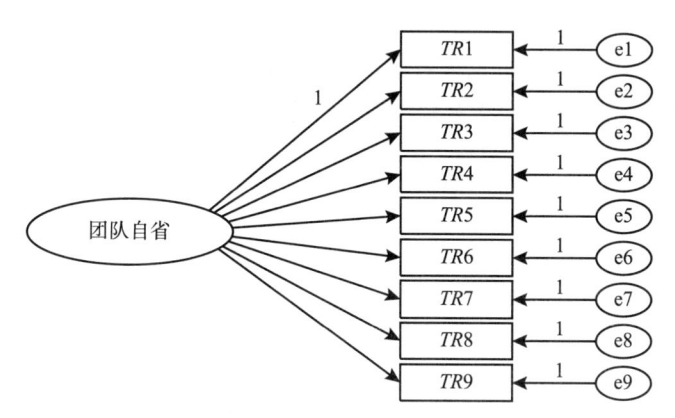

图4.3 团队自省量表验证性因素分析模式设定

团队自省量表验证性因素分析结果如表4.10所示。

由表4.10可知，模型的χ^2/df为2.096，小于临界值5；RMSEA为0.069，小于临界值0.08；GFI、AGFI、NFI和CFI均在0.900以上，大于临界值0.900。由此可知，团队自省的测量模型拟合优度的各项指标均在模型接受的临界值范围内，模型从整体而言拟合程度良好，故可接受该测量模型。该模型的收敛效度由潜变量提取的平均方差抽取量（AVE）检验，团队自省的平均

表 4.10　　　　　　　团队自省量表验证性因素分析结果

潜变量	项目	标准化负荷	测量误差	AVE
团队自省	TR1	0.73	0.47	0.65
	TR2	0.84	0.29	
	TR3	0.79	0.38	
	TR4	0.83	0.31	
	TR5	0.82	0.33	
	TR6	0.86	0.26	
	TR7	0.84	0.29	
	TR8	0.78	0.39	
	TR9	0.76	0.42	
拟合优度指标		$\chi^2/df = 2.096$；RMSEA = 0.069 GFI = 0.932；AGFI = 0.906；NFI = 0.936；CFI = 0.927		

方差抽取量为 0.65，大于收敛效度检验的标准值 0.50，故认为该潜变量具有较好的收敛效度。由于团队自省为单维变量，故无须进行区分效度检验。

4.7.2.3　创造力支持氛围量表的效度检验

根据理论构建，创造力支持氛围为单维变量，包括 6 个观测指标，据此，创造力支持氛围量表的验证性因素分析模型设定如图 4.4 所示。

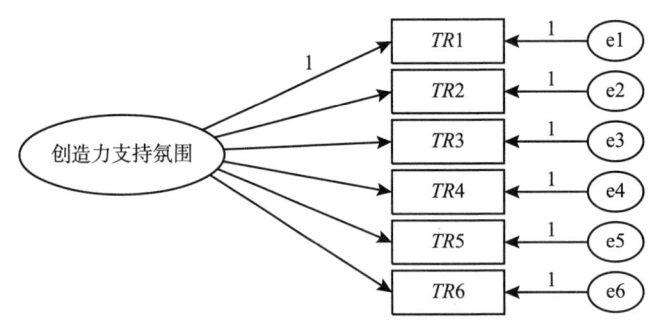

图 4.4　创造力支持氛围量表验证性因素分析模式设定

创造力支持氛围量表验证性因素分析结果如表 4.11 所示。

表 4.11　　　　　　创造力支持氛围量表验证性因素分析结果

潜变量	项目	标准化负荷	测量误差	AVE
创造力支持氛围	CA1	0.78	0.39	0.64
	CA2	0.75	0.44	
	CA3	0.82	0.33	
	CA4	0.76	0.42	
	CA5	0.89	0.21	
	CA6	0.83	0.31	
拟合优度指标		$\chi^2/df = 1.269$；RMSEA = 0.057 GFI = 0.944；AGFI = 0.923；NFI = 0.926；CFI = 0.956		

由表 4.11 可知，模型的 χ^2/df 为 1.269，小于临界值 5；RMSEA 为 0.057，小于临界值 0.08；GFI、AGFI、NFI 和 CFI 均在 0.920 以上，大于临界值 0.900。由此可知，创造力支持氛围的测量模型拟合优度的各项指标均在模型接受的临界值范围内，模型从整体而言拟合程度良好，故可接受该测量模型。该模型的收敛效度由潜变量提取的平均方差抽取量（AVE）检验，创造力支持氛围的平均方差抽取量为 0.64，大于收敛效度检验的标准值 0.50，故认为该潜变量具有较好的收敛效度。由于创造力支持氛围为单维变量，故无须进行区分效度检验。

4.7.2.4　个体创造力量表的效度检验

根据理论构建，个体创造力为单维变量，包括 6 个观测指标，据此，个体创造力量表的验证性因素分析模型设定如图 4.5 所示。

个体创造力量表验证性因素分析结果如表 4.12 所示。

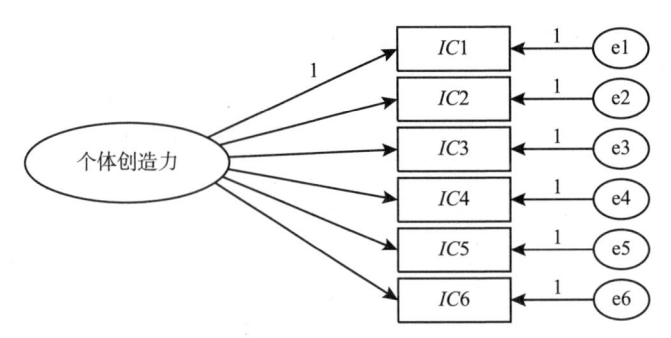

图 4.5　个体创造力量表验证性因素分析模式设定

表 4.12　　　　　　个体创造力量表验证性因素分析结果

潜变量	项目	标准化负荷	测量误差	AVE
个体创造力	IC1	0.71	0.50	0.58
	IC2	0.78	0.39	
	IC3	0.77	0.41	
	IC4	0.75	0.44	
	IC5	0.80	0.36	
	IC6	0.75	0.44	
拟合优度指标		$\chi^2/df = 1.822$；RMSEA = 0.048 GFI = 0.951；AGFI = 0.919；NFI = 0.941；CFI = 0.972		

由表 4.12 可知，模型的 χ^2/df 为 1.822，小于临界值 5；RMSEA 为 0.048，小于临界值 0.08；GFI、AGFI、NFI 和 CFI 均在 0.910 以上，大于临界值 0.900。由此可知，个体创造力的测量模型拟合优度的各项指标均在模型接受的临界值范围内，模型从整体而言拟合程度良好，故可接受该测量模型。该模型的收敛效度由潜变量提取的平均方差抽取量（AVE）检验，个体创造力的平均方差抽取量为 0.58，大于收敛效度检验的标准值 0.50，故认为该潜变量具有较好的收敛效度。由于个体创造力为单维变量，故无须进行区分效度检验。

4.7.2.5　团队创造力量表的效度检验

根据理论构建，团队创造力量表包括有用性和新颖性两个维度，分别包括6个观测指标,据此,团队创造力量表的验证性因素分析模型设定如图4.6所示。

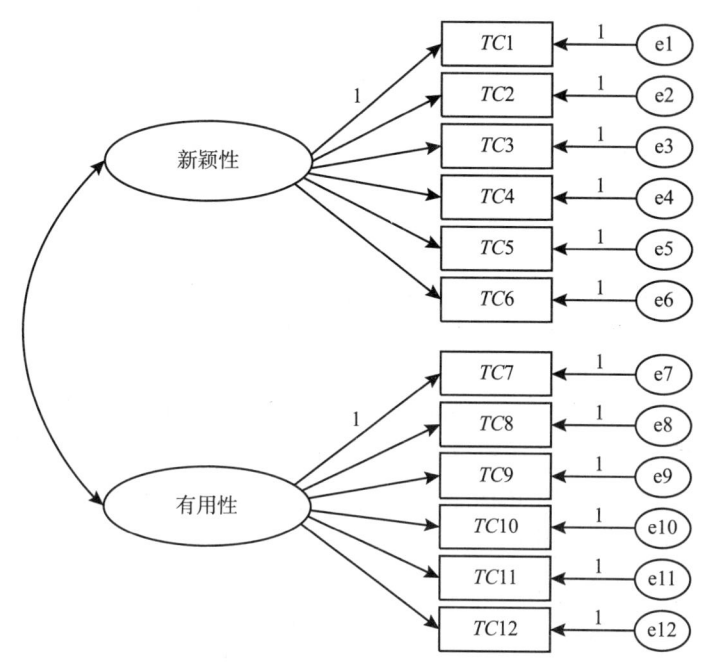

图 4.6 团队创造力量表验证性因素分析模式设定

团队创造力量表验证性因素分析结果如表4.13所示。

表 4.13　　　　团队创造力量表验证性因素分析结果

潜变量	项目	标准化负荷	测量误差	AVE
新颖性	TC1	0.84	0.29	0.64
	TC2	0.72	0.48	
	TC3	0.86	0.26	
	TC4	0.82	0.33	
	TC5	0.77	0.41	
	TC6	0.80	0.36	

续表

潜变量	项目	标准化负荷	测量误差	AVE
有用性	TC7	0.75	0.44	0.62
	TC8	0.77	0.41	
	TC9	0.84	0.29	
	TC10	0.70	0.51	
	TC11	0.87	0.24	
	TC12	0.77	0.41	
拟合优度指标		\multicolumn{3}{c}{$\chi^2/df = 2.240$；RMSEA $= 0.062$ GFI $= 0.977$；AGFI $= 0.937$；NFI $= 0.923$；CFI $= 0.956$}

由表 4.13 可知，模型的 χ^2/df 为 2.240，小于临界值 5；RMSEA 为 0.062，小于临界值 0.08；GFI、AGFI、NFI 和 CFI 均在 0.920 以上，大于临界值 0.900。由此可知，团队创造力的测量模型拟合优度的各项指标均在模型接受的临界值范围内，模型从整体而言拟合程度良好，故可接受该测量模型。该模型的收敛效度由潜变量提取的平均方差抽取量（AVE）检验，新颖性与有用性的平均方差抽取量分别为 0.64 和 0.62，大于收敛效度检验的标准值 0.50，故认为该潜变量具有较好的收敛效度。区分效度主要通过 AVE 的平方根与潜变量之间的相关系数来评价。若 AVE 的平方根大于潜变量之间的相关系数，则说明不同潜变量的测量指标之间具有明显的区分效度。由表 4.14 可知，潜变量 AVE 的平方根分别为 0.80 和 0.79，远大于潜变量之间的相关系数 0.56，表明潜变量之间区分效度良好。

表 4.14　　　　　　团队创造力两维度间的相关系数表

潜变量	学习取向	证明取向
学习取向	**0.80**	
证明取向	0.56	**0.79**

注：表中加粗数据为平均方差抽取量的平方根 $\sqrt{AVE}$。

4.8 数据检验

4.8.1 变量的描述性统计和相关性分析

相关分析用于检验变量间是否存在关联，其取值范围介于-1.00~1.00之间。一般情况下，相关系数的绝对值在0.3以下为弱相关，0.3~0.8之间为中相关，0.8~1.0为强相关；若变量间的相关系数的绝对值大于0.8时，可能存在多重共线性问题（马国庆，2002）。本研究相关变量的平均值、标准差和相关系数的分析结果，如表4.15和表4.16所示。

表4.15　　　　个体层次变量的平均值、标准差和相关系数矩阵

变量	平均值	标准差	1 性别	2 年龄	3 工龄	4 教育程度	5 个体学习取向	6 个体证明取向	7 个体回避取向
1 性别	1.38	0.48							
2 年龄	2.27	0.79	-0.20*						
3 工龄	2.28	0.93	-0.24	0.55*					
4 教育程度	3.18	0.67	0.14	0.05	-0.11				
5 个体学习取向	4.23	0.58	0.08	0.08	0.06	0.17			
6 个体证明取向	3.91	0.60	0.02	0.01	-0.01	0.09	0.31**		
7 个体回避取向	2.48	0.94	-0.27	-0.06	0.02	-0.04	-0.32**	0.05	
8 个体创造力	3.47	0.66	0.23	0.35*	0.24*	0.20*	0.56**	0.38**	-0.10*

注：*p<0.05，**p<0.01。

在个体层次上，由表4.15可知，个体学习取向分别与个体证明绩效目标取向（$r=0.31$，$p<0.01$）、个体创造力（$r=0.56$，$p<0.01$）显著正相关，与个体回避（$r=-0.32$，$p<0.01$）显著负相关；个体证明取向与个体创造力

表 4.16　团队层次变量的平均值、标准差和相关系数矩阵

变量	平均值	标准差	1 团队成立时间	2 团队学习取向	3 团队证明取向	4 团队回避取向	5 团队自省	6 创造力支持氛围
1 团队成立时间	3.71	0.66						
2 团队学习取向	4.40	0.61	0.03					
3 团队证明取向	3.92	0.69	-0.02	0.31**				
4 团队回避取向	2.10	0.78	-0.05	-0.32**	0.05			
5 团队自省	4.05	0.54	-0.06	0.33**	0.22**	-0.14**		
6 创造力支持氛围	3.72	0.40	-0.06	0.35**	0.37**	-0.11**	0.34**	
7 团队创造力	3.85	0.56	-0.05	0.38**	0.34**	-0.06**	0.29**	0.36**

注：*p<0.05，**p<0.01。

($r=0.38$, $p<0.01$) 显著正相关，而与个体回避取向 ($r=-0.05$, $p>0.05$) 相关系数不显著；个体回避取向与个体创造力 ($r=-0.10$, $p<0.05$) 显著负相关。假设1a、假设1b、假设1c得到验证。

在团队层次上，由表4.16可知，团队学习取向分别与团队证明取向 ($r=0.31$, $p<0.01$)、团队自省 ($r=0.33$, $p<0.01$)、团队创造力 ($r=0.38$, $p<0.01$) 显著正相关，与团队回避取向 ($r=-0.33$, $p<0.01$) 显著负相关；团队证明取向分别与团队自省 ($r=0.22$, $p<0.01$)、团队创造力 ($r=0.34$, $p<0.01$) 显著正相关，而与团队回避取向 ($r=0.05$, $p>0.05$) 相关系数不显著；团队回避取向与团队自省 ($r=-0.14$, $p<0.01$)、团队创造力 ($r=-0.06$, $p<0.01$) 显著负相关；团队创造力支持氛围与团队创造力 ($r=0.36$, $p<0.01$) 存在显著的相关性。假设2a、假设2b、假设2c得到验证。

基于以上相关分析，本研究认为变量间的关系基本符合研究假设，且各研究变量之间的相关系数绝对值在0.8以下，可以初步判定变量间不存在多重共线性问题。然而，相关分析只能表明变量间是否存在关联性，并不能揭示变量间的影响关系及其程度，因此，需要对变量进行多元回归分析。

4.8.2　团队自省的中介作用检验

本研究运用多层次线性模型（HLM）检验团队自省在团队学习目标取向

与团队创造力关系间的中介作用。根据马赛厄斯和泰勒（Mathieu & Taylor，2007）提出检验多层次中介效果的步骤：首先，自变量和因变量必须显著相关；其次，自变量与中介变量有显著相关关系；最后，将自变量和中介变量同时置入预测模型中，两者皆须达到显著。本研究通过 HLM 6.08 构建团队自省在团队层次的中介作用模型，结果见表 4.17。由表 4.17 可知，团队学习目标取向、团队证明取向对团队创造力产生正向影响（M1，$\gamma = 0.32$，$p < 0.01$；$\gamma = 0.26$，$p < 0.01$），而团队回避取向对团队创造力产生负向影响（M1，$\gamma = -0.10$，$p < 0.01$）。且团队自省对团队创造力产生正向影响（M2，$\gamma = 0.39$，$p < 0.01$）；将团队目标取向与团队自省同时放入预测模型中，发现两者对团队创造力的影响均显著（M3，$\gamma = 0.19$，0.15，-0.09，$p < 0.01$；$\gamma = 0.30$，$p < 0.01$），证明团队学习目标取向、团队证明取向分别通过团队自省对团队创造力产生正向影响，而团队回避取向通过团队自省对团队创造力产生负向影响。因此，假设 4a、假设 4b、假设 4c 得到验证。

表 4.17　　团队自省中介效应的多层线性模型分析

变量		团队创造力		
		M1	M2	M3
截距项		4.03**	3.78**	3.06**
控制变量	团队规模	0.08	0.06	0.03
	团队成立时间	0.05	0.07	0.04
自变量	团队学习目标取向	0.32**		0.19**
	团队证明取向	0.26**		0.15**
	团队回避	−0.10**		−0.09**
中介变量	团队自省		0.39**	0.30**
	$\Delta R^2_{组内}$	0.72	0.64	0.89
	$\Delta R^2_{组间}$	0.26	0.34	0.06

注：ΔR^2 表示准决定系数；* $p<0.05$，** $p<0.01$。

4.8.3 团队自省的直接作用和调节作用检验

为了检验个体目标取向、团队自省与个体创造力的关系，本研究采用跨层次研究的方法，建立以下模型：首先，建立零模型（M1）；其次，考察个体目标取向（个体学习目标取向、个体证明取向、个体回避取向）对个体创造力的直接效应（M2）；再次，考察团队自省对个体创造力的直接效应（M3）；最后，检验团队自省的跨层次调节效应（M4）。分析结果见表4.18。由表4.18可知，在零模型的方程中，$\rho = \tau_{00}/\tau_{00} + \sigma_2 = 0.43/0.43 + 2.50 = 0.147$，表示个体创造力的总体变异中14.7%是由团队层次的变异引起的。由M2可知，个体学习目标取向、个体证明取向对个体创造力存在正向显著影响（$\gamma_{10} = 0.57$，$p < 0.01$；$\gamma_{10} = 0.36$，$p < 0.01$），而个体回避取向与个体创造力存在负向显著影响（$\gamma_{10} = -0.09$，$p < 0.01$）。由M3可知，团队自省对个体创造力存在跨层次的显著正向影响（$\gamma_{01} = 0.15$，$p < 0.01$），假设3得到验证。由M4可知，当将个体学习目标取向和团队自省交互同时对个体创造力进行解释时，团队自省正向调节个体学习目标取向与个体创造力之间的关系（$\gamma_{11} = 0.16$，$p < 0.01$）；当将个体证明取向和团队自省交互同时对个体创造力进行解释时，团队自省正向调节个体证明取向与个体创造力之间的关系（$\gamma_{11} = 0.11$，$p < 0.01$）；当将个体回避取向和团队自省交互同时对个体创造力进行解释时，团队自省负向调节个体回避取向与个体创造力之间的关系（$\gamma_{11} = -0.07$，$p < 0.01$）。因此假设5得到验证。

表4.18　　　　　　　　影响个体创造力的多层线性模型分析

变量与模型		γ_{00}	γ_{01}	γ_{10}	γ_{11}	σ^2	τ_{00}	τ_{11}
M1：零模型		3.55**				2.50	0.43**	
M2：检验Level-1的主效果	TLO	2.91**		0.57**		2.38	4.49**	0.35
	PGO	2.84**		0.36**		2.42	5.21**	0.43
	AGO	1.94**		-0.09**		2.23	3.97**	0.23

续表

变量与模型		γ_{00}	γ_{01}	γ_{10}	γ_{11}	σ^2	τ_{00}	τ_{11}
M3：检验Level-2的主效果	TR	3.49**	0.15**			1.56	2.13**	0.16
M4：检验调节效果	TR × TLO	1.68**	0.46**	0.26**	0.16**	2.09	3.22**	0.19
	TR × PGO	2.23**	0.30**	0.21**	0.11**	1.94	3.16**	0.21
	TR × AGO	3.02**	0.18**	−0.14**	−0.07**	1.35	3.14**	0.16

注：* p<0.05，** p<0.01；σ^2 是层1的残差；τ_{00} 是层2的截距残差；τ_{11} 是层2的斜率残差；ICR 表示个体创造力，TR 表示团队自省，TLO 表示个体学习目标取向，PGO 表示个体证明绩效取向，AGO 表示个体回避绩效取向。

4.8.4 个体创造力与团队创造力关系分析

本研究通过对团队所有个体成员的创造力加总平均，使个体层次的创造力上升到团队层次，运用 HLM 6.08 检验个体创造力与团队创造力的关系及创造力支持氛围的中介效应，分析结果见表4.19。由表4.19可知，个体成员创造力的加总平均对团队创造力产生正向影响（M1，$\gamma=0.45$，p<0.01），且创造力支持氛围对团队创造力产生正向影响（M2，$\gamma=0.53$，p<0.01）；将创造力支持氛围与个体创造力的平均水平同时放入预测模型中，发现两者对团队创造力的影响均显著（M3，$\gamma=0.20$，p<0.01；$\gamma=0.48$，p<0.01），证明个体创造力平均水平通过创造力支持氛围自下而上对团队创造力产生积极影响。因此，假设6、假设7得到验证。

表4.19　个体创造力与团队创造力关系多层次模型分析

变量		团队创造力		
		M1	M2	M3
	截距项	3.77**	2.44**	2.12**
控制变量	团队规模	0.08	0.07	0.05
	团队成立时间	0.05	0.04	0.02
自变量	个体创造力	0.45**		0.20**

续表

变量		团队创造力		
		M1	M2	M3
中介变量	创造力支持氛围		0.53**	0.48**
	$\Delta R^2_{组内}$	0.72	0.77	0.88
	$\Delta R^2_{组间}$	0.20	0.16	0.09

注：ΔR^2 表示准决定系数；*$p<0.05$，**$p<0.01$；"个体创造力"代表个体成员创造力的加总平均。

4.9 研究小结

本研究的主要目的在于探讨目标取向对创造力的多层次影响机制研究。研究包括三个方面的主要内容：第一，目标取向与创造力的关系研究，重点关注不同目标取向对创造力产生的差异影响；第二，团队自省在个体和团队层次上目标取向与创造力关系上表现出的不同行为效应，重点关注团队自省在团队层次上的中介效应和个体层次上的跨层次调节效应；第三，个体创造力的平均水平对团队创造力的影响过程。表 4.20 是实证研究的假设验证情况。

表 4.20　　　　　　　　研究假设的验证情况

研究假设	验证情况
假设1a：个体学习取向与个体创造力具有显著的正相关关系	验证
假设1b：个体证明取向与个体创造力具有显著的正相关关系	验证
假设1c：个体回避取向与个体创造力具有显著的负相关关系	验证
假设2a：团队学习取向与团队创造力具有显著的正相关关系	验证
假设2b：团队证明取向与团队创造力具有显著的正相关关系	验证
假设2c：团队回避取向与团队创造力具有显著的负相关关系	验证
假设3：团队自省对个体创造力产生显著正向影响	验证
假设4a：团队自省在团队学习取向与团队创造力的关系中起到中介作用	验证

续表

研究假设	验证情况
假设4b：团队自省在团队证明取向与团队创造力的关系中起到中介作用	验证
假设4c：团队自省在团队回避取向与团队创造力的关系中起到中介作用	验证
假设5：团队自省调节个体目标取向与其创造力之间的关系，即高团队自省可以增强个体学习取向与证明取向对个体创造力的正向影响，减弱个体回避取向对个体创造力的负向影响	验证
假设6：个体创造力平均水平与团队创造力具有显著的正相关关系	验证
假设7：个体创造力平均水平通过创造力支持氛围对团队创造力产生积极影响	验证

本研究以研发团队为研究对象，通过网络和现场调查的方式进行数据收集和获取，借助多层次回归分析技术和结构方程模型等方法就目标取向对团队创造力的多层次影响机制进行了研究，发现目标取向与创造力之间存在主效应，个体和团队层次上的学习目标和证明取向与创造力具有显著的正向相关关系，而回避取向与创造力之间具有显著的负向相关关系。一方面，这验证了学习目标取向与创造力的关系（Gong et al., 2013）；另一方面，也拓展了证明取向与回避取向与创造力的关系。因为已有研究认为证明取向与回避取向与创造力的关系受到外部评价的影响（Hirst et al., 2009），而本研究将团队创造力看成一种结果输出，发现证明取向与创造力具有正相关关系，而回避取向与创造力具有负相关关系，拓展了证明取向、回避取向与创造力的关系研究，同时，这揭示了不同目标取向对创造力形成的影响。

研究通过多层次回归分析检验了目标取向对创造力影响的多层次模型，结果表明：首先，在团队层次上，学习目标取向、证明取向对团队创造力有重要的积极影响，而回避取向对团队创造力有重要的消极影响；且三者均通过团队自省对创造力产生影响。其次，在个体层次上，特征激活理论（trait activation theory）（Chen & Kanfer, 2006）及情景力量理论（situational strength theory）（Mayer, Dalal & Hermida, 2010）认为个体行为/行为绩效/行为意图的形成是个体与情景共同作用的结果，且情景因素还会对个体行为产生直接的影响。基于此，本研究证实个体学习目标取向与证明取向对个体创造力产生重要的积极影响，而回避取向对个体创造力产生重要的消极影响；

团队自省作为重要的情景因素对个体创造力产生重要的影响,且跨层次调节个体目标取向与个体创造力的关系,即高团队自省可以增强个体学习取向与证明取向对个体创造力的正向影响,减弱个体回避取向对个体创造力的负向影响。这深化了对创造力形成的认识,同时,阐明了团队自省在团队和个体层次上的不同行为效应,不仅在团队层次上揭示了团队目标取向向团队创造力转化的关键中介机制,而且在个体层次上揭示了团队层次的团队自省影响个体目标取向向个体创造力转化的跨层次调节作用机制。

另外,研究还采用多层次回归分析技术探讨了个体创造力对团队创造力影响过程机制。结果表明:个体创造力平均水平与团队创造力具有显著的正相关关系,且通过创造力支持氛围自下而上对团队创造力产生积极影响。这不仅印证了创造力的跨层次理论所倡导的个体创造力是团队创造力的基石,而且解释了个体创造力向团队创造力转变的过程机制,拓展了创造力的跨层次理论,深化了对创造力形成规律的认识。

在创造力成分模型和情景力量理论的基础上,通过上述分析过程,本研究构建了目标取向对创造力影响的多层次模型。然而,最新理论和方法研究认为团队作为一个复杂、多层次系统,其团队输入、过程及输出必然受到时间、任务及情景的多次循环的影响;这意味着由第一阶段的团队目标取向产生的团队创造力是否会对随后阶段的团队目标取向产生影响?本研究的第 5 章内容将重点围绕这个问题展开。

| 第 5 章 |
目标取向与创造力循环演化的追踪分析

5.1 引　　言

目标取向益于团队主管及成员对整体学习、获得良好评价、超越其他团队或避免负面评价和失败的共同理解（Gully & Phillips，2005），会影响学习动机、成就态度及对不确定情景的反应（DeShon & Gillespie，2005），因而有可能会影响创造力（Gong et al.，2013）。然而，最新理论和方法研究认为团队作为一个复杂、多层次的动态系统，其团队输入、过程及输出必然受到时间、任务及情景的多次循环的影响（McGrath et al.，2000）。因此，本研究选取团队层面的目标取向与创造力关系进行追踪分析。

传统的 I-P-O 静态研究范式（input-process-output）难以解释团队与环境的动态交互过程（Ilgen et al.，2005），随后，伊尔根等（Ilgen et al.，2005）在前人研究的基础上，首次系统提出了 IMOI（input-mediator-output-input）研究

范式,即"输入—中介传导—输出—再输入"的循环路径,意味着初始阶段的结果变量可能会通过反馈以影响随后阶段的前因和中介变量,进而影响随后阶段的结果变量。基于此,本研究的目标是基于 IMOI 研究范式探讨团队目标取向与团队创造力的动态交互影响过程。

5.2 团队目标取向与团队创造力的动态分析框架

目前,关于团队学习目标取向与团队创造力的研究主要停留在静态关系的研究层面,而对两者动态关系的探讨缺乏充分的理论和经验。然而,团队目标取向反映团队成员对团队整体学习、获得良好评价、超越其他团队或避免负面评价和失败的共同理解(Gully & Phillips, 2005),易受到任务和活动的实质性影响,对同一团队不同的任务情景可能会导致不同的目标取向,由此,目标取向具有相对不稳定性和动态性(Mischel & Shoda, 1995; Payne, Youngcourt & Beaubieu, 2007)。已有研究将团队目标取向类比为团队氛围(team's climate),认为团队目标取向是团队成员关于团队目标倾向的共同感知(Bunderson & Sutcliffe, 2003);德蓬(DeShon, 2004)强调团队目标取向的状态特征,认为这种状态受团队成员关于团队追求目标的共同知觉(shared perceptions)所引发。因此,共同的知觉构成了团队目标取向概念的基础。当团队成员从环境线索(如团队领导成就模式、管理策略心理情景、信息反馈和措施选择等)中发现用于指导和调整自己行为的重要信息后,通过互动形成个体心理氛围(psychological climate),在共享的基础上构成关于团队目标偏好和成就焦点的团队心理氛围,进而产生了团队状态目标取向。由此,我们认为初始阶段的创造力为环境线索对随后阶段的团队目标取向产生影响,恰恰符合了伊尔根等(Ilgen et al., 2005)提出了 IMOI (input-mediator-output-input) 动态研究范式。

5.2.1 IMOI 动态研究范式

在构建动态分析框架之前,本研究首先对相关理论进行了系统总结,并理清理论与本章研究内容之间的逻辑关系。

在组织行为学研究领域，以往关于团队过程的研究均遵循I-P-O静态研究范式（如图 5.1 所示）。该研究框架指出（Cohen & Bailey，1997）：第一，输入（input）指团队运作的前期条件和状况，包括个体特征（如性格、认知特征、能力等）、团队层次因素（团队氛围、团队特征、领导风格等）以及相应的情境因素；第二，各类输入因素均作用于团队过程（process），且此过程主要用于描述团队输入向团队输出转化的关键步骤；第三，输出（output）指团队活动的结果，包括团队结果（如团队绩效、团队创新等）和个体结果（组织公民行为、工作满意度等）。

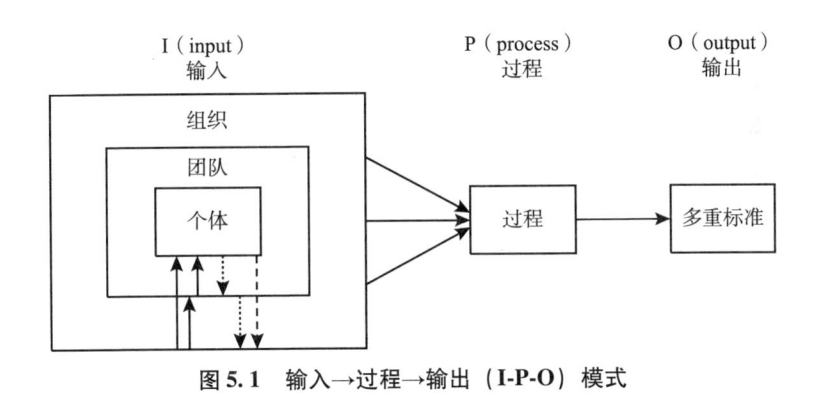

图 5.1　输入→过程→输出（I-P-O）模式

随着研究的深入，一些研究者逐步意识到，传统的研究普遍遵循 I-P-O 研究范式，从静态角度探讨有哪些因素通过过程变量影响团队输出；这种单向因果关系模式忽略了团队工作中反馈的积极效应对随后阶段团队输入的影响，即静态的 I-P-O 模型范式难以支持团队动态相关研究的深入。随后，马克斯、马蒂厄和扎卡罗（Marks，Mathieu & Zaccaro，2001）将时间的概念引入模型，提出了重复阶段模型（recurring phase model），认为 I-P-O 模型会在时间序列上循环出现，上一阶段的结果在理论上是下一阶段的前因变量；而团队过程主要是指态度、认知、价值观以及动机等的表现过程（如图 5.2 所示）。

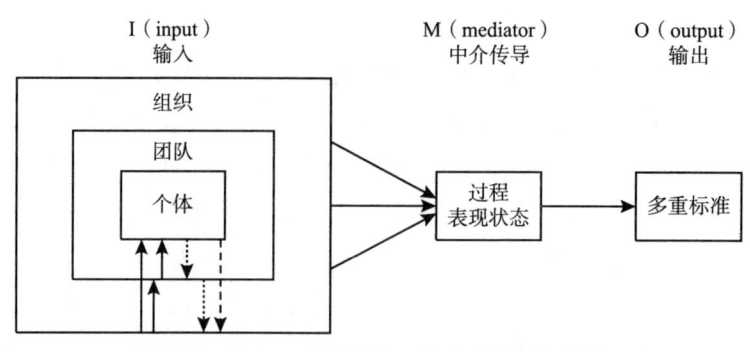

图 5.2　输入→中介传导→输出（IMO）模式

随后，伊尔根等（Ilgen et al., 2005）在已有研究的基础上，系统地提出了 IMOI 研究范式，即"输入→中介传导→输出→再输入"的循环路径，认为团队输出会影响随后阶段的团队输入（如图 5.3 所示）。

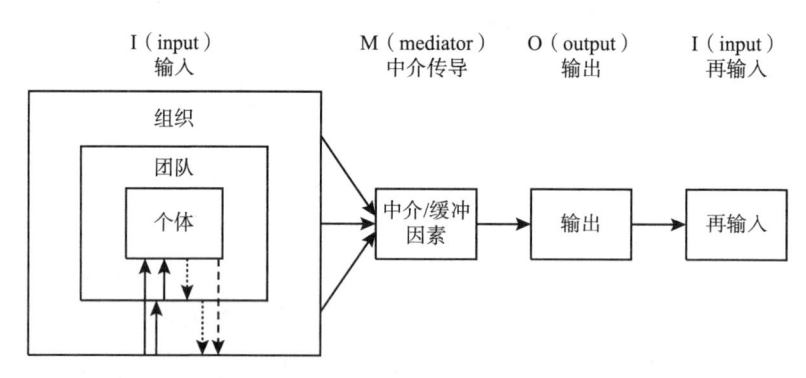

图 5.3　输入→中介传导→输出→再输入（IMOI）模式

5.2.2　基于 IMOI 研究范式的动态分析框架

通过第 3 章目标取向对创造力影响的多层次模型的实证检验发现：对静态关系而言，团队目标取向与团队创造力的关系遵循"团队目标取向→团队自省→团队创造力"的作用路径，然而，团队目标取向对团队创造力的影响可能并非简单的静态关系（Hirst et al., 2009），很可能存在"循环"和动态变化规律。

目前，尽管考察团队目标取向与团队创造力动态关系的研究偏少，但一些采用 IMOI 研究范式的相关研究仍为本研究构建动态框架提供了理论指导和基础。例如，塔莎等（Tasa et al.，2007）在分析团队群体效能的演化过程中，将前一阶段的团队绩效作为随后阶段的前因变量，以期获得更加具有理论解释力的结论；莫申江和谢小云（2009）以 55 个项目团队作为研究对象，研究发现团队学习是一种动态演进的行为过程，团队学习与团队绩效的关系遵循 IMOI 范式演进，第一阶段的团队绩效会影响随后阶段的团队学习。因此，本研究遵循 IMOI 的动态研究范式构建了团队学习目标取向与团队创造力的动态关系路径模型，如图 5.4 所示。

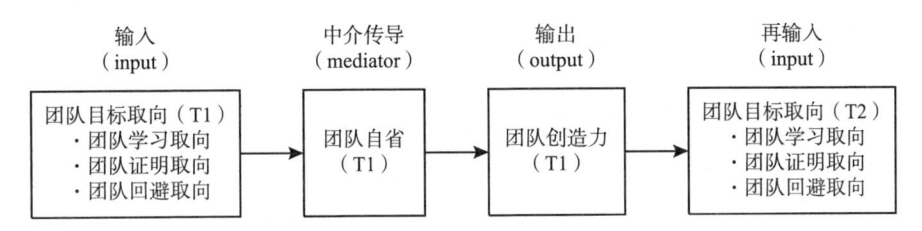

图 5.4　基于 IMOI 研究范式的动态分析框架

注：T1 代表初始阶段，T2 代表随后阶段。

通过第 3 章目标取向对创造力影响的多层次模型的构建和研究假设的提出，本研究已经阐明初始阶段（T1）团队目标取向对团队创造力的影响关系。基于此，本部分主要探讨初始阶段的团队创造力对随后阶段的团队目标取向的影响。

5.3　文献探讨与研究假设

团队研究者普遍认为团队是一个复杂、可调整及动态的系统（Drazin et al.，1999）。然而传统的研究普遍基本上遵循 I-P-O 模型研究范式，从静态角度探讨有哪些因素通过过程变量影响团队输出；这种单向因果关系模式忽略了团队工作中反馈的积极效应对随后阶段团队输入的影响，即静态的 I-P-O 模型范式难以支持团队动态相关研究的深入。在此背景下，科兹洛夫斯基等（Kozlowski et al.，1999）研究认为团队输入、过程及输出在团队中以相互因果的方式运行，即团队输出在一定程度上会影响随后阶段的输入。随后，马克斯、马蒂厄和扎卡罗（Marks, Mathieu & Zaccaro, 2001）提出了重复阶段模型（recurring phase model），强调在真实的团队工作背景下，I-P-O 模型会在时间序列上循环出现，上一阶段的结果在理论上是下一阶段的前因变量。基于 I-P-O 模型无法支持变量间的相互影响或动态关系研究，伊尔根等（Ilgen et al.，2005）研究阐述了团队研究从 I-P-O 模型演进到 IMOI 范式的必要性和可操作性，用 M 代替 P 反映中介（mediators）或缓冲（moderators）因素，增加 I 则是反映团队背景下的环行回路因果关系。随后伯克等（Burke et al.，2006）和朗格福瑞德（Langfred，2007）先后对 IMOI 范式进行了相应的分析。基于 IMOI 研究范式，已有研究验证了团队输入与团队输出关系遵循 IMOI 研究范式演进，意味着团队输出会影响随后阶段的团队输入。例如，席佩斯等（Schippers et al.，2013）通过两阶段的数据追踪，研究发现前一阶段的团队绩效会影响到随后阶段的团队自省发生，尤其是前一阶段的团队绩效比较低的情况下，隐含了绩效反馈对随后阶段团队自省影响的反馈回路。卫旭华和刘咏梅（2014）借鉴 IMOI 模型，考察了团队过往绩效、效能感、任务冲突与关系冲突的关系机制，结果显示，团队过往绩效对团队冲突有着很强的解释力。这不仅印证了伊尔根等（Ilgen et al.，2005）的 IMOI 研究范式，而且为本研究解释初始团队创造力作为环境线索（如团队领导成就模式、管理策略、心理情景、信息反馈和措施选择等）对随后阶段的团队目标取向产生影响提供了理论指导。

  初始团队创造力在团队交互过程中所发挥的作用并没有引起团队研究者的重视。IMOI 模型显示，过往绩效会成为团队下一次工作任务的输入因素，进而影响团队的过程和结果，如此循环往复，形成了团队动态交互机制。IMOI 模型实际上也借鉴了经济学中路径依赖理论，其认为过往绩效和选择会对当前绩效和选择造成较大影响。过去成功的经历会导致未来相似的路径经历，成功行为路径能够复制，而不成功行为路径却不能复制。

5.3.1 初始团队创造力与团队学习取向

对初始团队创造力与随后阶段团队学习取向的关系的探讨，不仅将对团队学习取向的研究视角由静态转向动态，而且为团队学习取向的提升和管理提供理论依据。遗憾的是，目前尚无研究探讨团队学习取向与团队创造力的关系是否遵循IMOI范式演进，尤其是初始阶段的团队创造力对随后阶段的团队学习取向的影响。本研究根据上述理论和发现进行如下推断：首先，当初始团队创造力较高时，这会对团队成员产生鼓舞和激励，使他们更多采取积极的主动行为，包括：学习行为、前摄性行为等；同时，这会激发团队成员的成就感，进而更加明确其学习目标取向。当初始团队创造力较低时，这会降低团队成员的工作积极性，会营造消极的团队氛围，不利于团队成员主动获取知识以寻求个体和团队的共同发展，进而降低其学习目标取向，最终影响团队整体的学习氛围，降低团队学习取向。其次，从积极反馈的视角来看，初始团队创造力可以看成一种反馈。因此，对团队创造力的积极评价和反馈有利于改进团队后续行为和认知等（Fodor & Carver, 2000），指导团队成员建立学习目标取向，鼓励团队成员间知识共享，进而推动团队构建积极的团队氛围。最后，初始团队创造力往往会造成一种制约当前和未来决策与行动的心理情境或环境线索（卫旭华和刘咏梅，2014），进而影响团队交互过程。由此，我们认为初始团队创造力作为环境线索，如管理策略；同时，环境线索是团队目标取向的首要驱动因素（Dragoni, 2005）。基于此，初始团队创造力的高低会影响管理策略的制定；就团队学习取向而言，团队领导会制定积极的管理策略（营造积极氛围、心理辅导等）推动团队成员和团队的整体发展，指导和推动团队学习取向的建立和提升，最终，提升团队学习取向。基于以上文献和推论，且第3章已经验证团队学习取向（T1）通过团队自省（T1）对初始团队创造力（T1）产生积极影响，我们提出如下研究假设：

假设1：初始团队创造力（团队创造力T1）对随后阶段的团队学习取向（团队学习取向T2）产生正向影响，即团队学习取向与团队创造力的因果关系遵循 IMOI 反馈回路范式演进。

5.3.2 初始团队创造力与团队证明取向

对初始团队创造力与随后阶段团队证明取向的关系的探讨，不仅将对团队证明取向的研究视角由静态转向动态，而且为团队证明取向的提升和管理提供理论依据。遗憾的是，目前尚无研究探讨团队证明取向与团队创造力的关系是否遵循 IMOI 范式演进，尤其是初始阶段的团队创造力对随后阶段的团队证明取向的影响。本研究根据上述理论和发现进行如下推断：首先，当初始团队创造力较高时，这一方面反映了团队成员及团队所取得的优异表现，另一方面有利于团队获得良好的外部评价，鼓励和激发团队成员和团队更加努力的工作，进而提升团队证明取向；相反，当初始团队创造力较低时，这会营造消极的团队氛围，降低团队成员的工作积极性；同时，这也会使团队接收到外部较差的评价，进而影响团队士气，降低团队成就感，最终不利于团队证明取向的提升。其次，从积极反馈的视角来看，初始团队创造力可以看成一种反馈。因此，对较高初始团队创造力的积极评价和反馈有利于改进团队后续行为和认知等（Fodor & Carver, 2000），提高团队成员的工作积极性，有利于营造更加积极的团队氛围，进而促进团队证明取向的提升；相反，对较低初始团队创造力的评价和反馈，会影响团队的成就感，进而不利于团队证明取向的提升。最后，初始团队创造力往往会造成一种制约当前和未来决策与行动的心理情境或环境线索（卫旭华和刘咏梅，2014），进而影响团队交互过程。由此，我们认为初始团队创造力作为环境线索，例如，管理策略（Dragoni, 2005）。初始团队创造力的高低会影响管理策略的制定；就团队证明取向而言，团队领导会制定积极的管理策略（指导行为、鼓励行为、帮助行为等）推动团队成员为更高的目标接受挑战，一方面，提高团队的整体绩效，另一方面，推动团队证明其价值，进而提高团队证明取向。基于以上文献和推论，且第 3 章已经验证团队证明取向（T1）通过团队自省（T1）对初始团队创造力（T1）产生积极影响，我们提出如下研究假设：

假设2：初始团队创造力（团队创造力T1）对随后阶段的团队证明取向（团队证明取向T2）产生正向影响，即团队证明取向与团队创造力的因果关系遵循IMOI反馈回路范式演进。

5.3.3 初始团队创造力与团队回避取向

对初始团队创造力与随后阶段团队回避取向的关系的探讨，不仅将对团队回避取向的研究视角由静态转向动态，而且为团队回避取向的抑制和干预提供理论依据。遗憾的是，目前尚无研究探讨团队回避取向与团队创造力的关系是否遵循IMOI范式演进，尤其是初始阶段的团队创造力对随后阶段的团队回避取向的影响。本研究根据上述理论和发现进行如下推断：首先，当初始团队创造力较高时，会有利于获得良好的外部评价，避免负面评价，从而营造积极的团队氛围，进而激发团队成员追求目标所进行的冒险行为，接受挑战性的任务（Vandewalle，1997）；因此，这会降低团队回避取向；相反，当初始团队创造力较低时，团队成员面临更多的负面评价，不利于良好团队氛围的构建，加重了团队成员规避风险的态度，不敢接受挑战性的任务，最终，提升了团队回避取向。其次，从积极反馈的视角来看，初始团队创造力可以看成一种反馈。因此，对较高初始团队创造力的积极评价和反馈有利于改进团队后续行为和认知等（Fodor & Carver，2000），提高团队成员的工作积极性，接受挑战性的工作和任务，敢于冒险，进而降低团队回避取向；相反，对较低初始团队创造力的评价和反馈，会增加外部负面评价对团队成员和团队的压力，进而不利于团队成员接受挑战性任务，更愿意规避风险，最终，这会提高随后阶段的团队回避取向。最后，初始团队创造力往往会造成一种制约当前和未来决策与行动的心理情境或环境线索（卫旭华和刘咏梅，2014），进而影响团队交互过程。由此，我们认为初始团队创造力作为环境线索，例如，管理策略（Dragoni，2005）。初始团队创造力的高低会影响管理策略的制定；就团队回避取向而言，团队领导会制定积极的管理策略（心理辅导、角色扮演等）降低团队回避取向这有利于指导团队成员敢于接受挑战性的任务，敢于面临失败，进而提升随后阶段团队创造力。基于以上文献和推论，且第3章已经验证团队回避取向（T1）通过团队自省（T1）对初始团队创造力（T1）产生消极影响，我们提出如下研究假设：

假设3：初始团队创造力（团队创造力T1）对随后阶段的团队回避取向（团队回避取向T2）产生负向影响，即团队回避取向与团队创造力的因果关系遵循IMOI反馈回路范式演进。

5.4 研究方法

本研究采用问卷调查方法收集数据，且本研究基于IMOI研究范式探讨团队目标取向与团队创造力之间的动态影响关系，故本研究采用两次数据收集。首先，根据组内一致性判断将个体层次的数据聚合到团队层次，然后运用回归分析方法对初始团队创造力和随后阶段的团队目标取向的关系进行验证。在此基础上，结合相关理论对数据分析结果进行系统讨论。

5.4.1 研究样本

本研究通过问卷获取数据，样本来源于上海大众产品部门的研发团队，并取得上海大众人事和产品部门负责人的支持。由于本研究各变量发生在两时点，故采用两时点（时间T1和时间T2）数据追踪。为了减少共同方法偏差，在调研过程中，主要采用配对的形式进行，其中团队主管主要对团队创造力及自身的背景信息进行评价，团队成员主要对团队目标取向、团队自省及自身背景进行评价。2013年6月第一次调研主要是针对上海大众的57个研发团队，包括57个团队主管问卷和288份成员问卷，第一阶段时间共计回收有效团队主管问卷55份和团队成员问卷261份，团队主管与团队成员有效问卷回收率分别为96.5%与90.6%。

根据追踪数据样本收集遵循相同样本原则（叶宝娟等，2012），且上海大众研发团队的团队绩效考核时间的时间间隔，每半年或者一年进行一次；基于此，我们在间隔12个月之后对同一样本团队和成员进行了第二次调研；

第5章 | 目标取向与创造力循环演化的追踪分析

本次调研主要针对第一阶段的 55 名研发团队主管与 261 名团队成员，共计回收有效团队主管问卷 49 份和团队成员问卷 201 份，团队主管与团队成员问卷有效回收率分别为 89.1% 与 77.0%。因此，我们最终采用所收集的 49 个研发团队作为本研究的最终团队样本。样本团队成员和团队主管基本情况见表 5.1 和表 5.2。

表 5.1　　　　　　　团队成员样本特征（两次数据 T1、T2）

样本特征		T1 阶段		T2 阶段	
		样本数（人）	样本比例（%）	样本数（人）	样本比例（%）
性别	男	180	69.0	135	67.2
	女	81	31.0	66	32.8
年龄	25 岁以下	9	3.4	7	3.5
	25~35 岁	205	78.5	157	78.1
	36~45 岁	37	14.2	29	14.4
	45 岁以上	10	3.8	8	4.0
工龄	2 年以下	40	15.3	32	15.9
	3~10 年	174	66.7	141	70.1
	11~20 年	31	11.9	20	10.0
	20 年以上	16	6.1	8	4.0
学历	大专及以下	12	4.6	7	3.5
	本科	121	46.4	102	50.7
	硕士	121	46.4	87	43.3
	博士	7	2.6	5	2.5
职称	初级	202	77.4	150	74.6
	中级	43	16.5	40	19.9
	高级	16	6.1	11	5.5
职位	基层	251	96.2	193	96.0
	中层	10	3.8	8	4.0
	高层	0	0	0	0

注：T1 代表第一阶段数据收集；T2 代表第二阶段数据收集。

表 5.2　　　　　　　　　　团队主管样本特征

样本特征		T1 阶段		T2 阶段	
		样本数（人）	样本比例（%）	样本数（人）	样本比例（%）
性别	男	36	65.5	31	63.3
	女	19	34.5	18	36.7
年龄	25 岁以下	2	3.6	1	2.0
	25~35 岁	27	49.1	25	51.0
	36~45 岁	17	30.9	15	30.6
	45 岁以上	9	16.4	8	16.3
学历	本科	24	43.6	21	42.9
	硕士	21	38.2	20	40.8
	博士	10	18.2	8	16.3
团队成立时间	1 年以下	7	12.7	5	10.2
	1~2 年	30	54.5	27	55.1
	2 年以上	18	32.7	17	34.7
团队人数	—	最少为 4 人，最多为 15 人，均值为 5.75，标准差为 2.60		最少为 4 人，最多为 13 人，均值为 5.10，标准差为 2.34	

注：T1 代表第一阶段数据收集；T2 代表第二阶段数据收集。

由表 5.1 可知，T1 阶段的团队成员样本：69.0% 为男性，31.0% 为女性；工龄以 3~10 年为主，占 66.7%，其次是 2 年以下（15.3%）；员工学历以本科和硕士为主，均占 46.4%；年龄在 25 岁以下的样本占 3.4%，25~35 岁的样本占 78.5%，36 岁以上的样本占 18.0%；职称以初级为主，占 77.4%，其他占 22.6%。T2 阶段的团队成员样本：67.2% 为男性，32.8% 为女性；工龄以 3~10 年为主，占 70.1%，其次是 2 年以下（15.9%）；员工学历以本科和硕士为主，分别占 50.7% 和 43.3%；年龄 25 岁以下的样本占 3.5%，25~35 岁的样本占 78.1%，36 岁以上的样本占 18.4%；职称以初级为主，占 75.1%，其他占 24.9%。两个阶段的团队成员的数据变动幅度较小。

由表 5.2 可知，T1 阶段的团队主管样本：65.5% 为男性，34.5% 为女性；团队主管学历以本科和硕士为主，分别占 43.6% 和 38.2%；年龄在 25 岁以下的样本占 3.6%，25～35 岁的样本占 49.1%，36 岁以上的样本占 47.3%；最少团队人数为 4 人，最多团队人数达到 15 人，团队平均人数为 5.75，标准差为 2.60。T2 阶段的团队主管样本：63.3% 为男性，36.7% 为女性；团队主管学历以本科和硕士为主，分别占 42.9% 和 40.8%；年龄在 25 岁以下的样本占 2.0%，25～35 岁的样本占 51.0%，36 岁以上的样本占 47.0%。最少团队人数为 4 人，最多团队人数达到 13 人，团队平均人数为 5.10，标准差为 2.34。两阶段的团队主管的数据变动幅度较小。

5.4.2 数据收集

本研究的数据收集通过问卷方式进行。为降低同源方法偏差对数据结果的影响，问卷设计采用成组配套技术，即由团队主管填写问卷 1（主要由团队创造力量表构成），团队成员填写问卷 2（主要由团队自省和团队目标取向量表构成），问卷内容见附录。

本研究基于已有研究中关于问卷方法的描述（Srivastava, Bartol & Loeke, 2006），首先，将整套问卷分为团队主管问卷和团队成员问卷两部分，避免数据同源问题；其次，将两套问卷发给团队主管，并向其详细解释填写说明，且请团队主管将团队成员问卷分发给其下属成员，问卷发放数量上应该保证不得低于团队人数的 2/3；最后，问卷采用配对方式进行，即完整的问卷包括一份团队主管的问卷和若干份团队成员的问卷，两者缺一不可，否则做无效问卷处理。同时，本章内容数据的收集方式是两次数据追踪，收集遵循相同样本原则，因此，最终的团队样本数为 49 个研发团队。

5.4.3 测量工具

本研究涉及的概念和第 3 章的变量是相同的，因此，量表来源是一致的。目标取向的测量采用范德维勒（1997）开发的量表，该量表包含三个维度，共 13 个题项，其中学习取向 5 个题项、证明取向 4 个题项、回避取向 4 个题项（Vandewalle，1997）；团队自省的测量采用斯威夫特和韦斯特（Swift & West，1998）开发的简短量表与席佩斯等（Schippers et al.，2003）开发的量表，共 9 个题项；团队创造力参考陈和昌（Chen & Chang，2005）与汉克（Hanke，2006）的研究成果，以焦点小组访谈和开放式问卷调查等方法，结合团队情境修正得到团队创造力的初始测量条款，并通过小样本测试分析形成本研究团队创造力的正式测量量表，共 12 个题项。

在已有的团队研究中，需要考虑团队工作时间和团队成立时间对团队很多方面的造成的影响（Haleblian & Finkelstein，1993）。因此，本研究将团队成立时间和团队工作时间作为控制变量纳入分析框架中。另外，已有研究认为团队领导作为情境线索对团队目标取向的产生影响（Dragoni，2005），基于此，本研究将有关团队领导的人口统计学变量（团队主管的工作年限）作为控制变量加以考虑。

5.4.4 统计分析方法

本研究的数据统计分析主要通过 SPSS 22.0、结构方程软件 AMOS 22.0 和多层线性模型 HLM 6.08 进行；其中，基本的描述性统计分析、量表的可靠性评价、回归分析以及部分数据检验通过 SPSS 软件完成，数据聚合通过 HLM 6.08 计算验证，测量的效度分析主要通过 AMOS 分析软件进行。

5.4.5 分析程序

本研究的分析层次是团队水平，而数据收集来源于个体层次，因此，本章数据处理程序首先对个体数据进行团队层次的聚合，同时，研究将对整体数据进行验证性因素分析，以考察总体测量的区分效度。且研究中的团队目标取向与团队创造力均为多维结构，同样需要通过验证性因素分析评价各量表的建构效度。在此基础上，研究将通过回归分析探讨各变量之间的关系，进而检验上述关系假设。

5.5　数据处理结果与分析

5.5.1　追踪数据的缺失值处理

数据缺失是追踪数据面临的严峻问题，缺失比例过高会对结果产生较大的影响。一般认为，5%～10%的数据缺失可以接受；但当数据缺失在60%以上时，追踪数据则完全失去利用价值（Barzi & Woodward, 2004）。

缺失数据处理方法的选择影响处理结果的精度和研究的效度。根据缺失数据与其他变量的关系可以将数据缺失划分为完全随机缺失、随机缺失和非随机缺失。完全随机缺失反映数据发生概率与已观察到的和未观察到的数据特征均无关，可以选择采用删除法（列删法、对删法等）处理。然而，完全随机缺失要求严格，常难以满足条件假设（Enders, 2013）。

随机缺失反映缺失数据发生概率与观察到的变量有关、与未观察到的数据特征无关。随机缺失数据处理方法包括删除法、单值借补法及缺失处理和模型结合的方法。常用的单值借补法有均值插补和LOCF（last observation carried forward）法；缺失处理和模型结合的方法主要有多重借补（multiple imputation, MI）法和极大似然估计（maximum likelihood, ML）法（茅群霞，2005；沐守宽和周伟，2011）。删除法和单值借补法是较常用的方法，但这两种方法不能充分利用整个数据信息，低估方差和标准误。MI法用两个以上反映数据概率分布的值来填补缺失，综合分析多次填补数据可获得无偏的结果；ML法是建立在极大似然原理的基础上的一个统计方法，提供了一种给定观察数据以评估模型参数的方法，有较广的适应范围，也适用于完全随机缺失数据（Enders, 2013）。研究发现，当缺失比例小于10%，删除法和LOCF法可较好地处理缺失；缺失在10%～20%时，最大似然算法或全息极大似然估计求得最接近真值的参数估计值，可获得有效的结果 LOCF法最优；超过20%，MI法效果较好，MI法的适用范围是20%～40%；超过60%，任何方法不能得到较好的效果（茅群霞，2005）。本研究的缺失比例在1%以下，故采用删除法。

5.5.2 数据的聚合检验

本研究的各变量是基于团队层面的构思，需通过对团队成员个体数据的加总聚合到团队层次，因此，需要检验团队层面数据聚合的合理性。本研究采用反映团队内部成员一致性程度的 r_{wg} 和组间变异性（ICC）作为团队层面的数据聚合检验质变（James，1993；Bartko，1976）。团队层面的数据聚合检验结果如表5.3所示，各研究变量都满足 $r_{wg} > 0.7$，ICC（1）> 0.12，ICC（2）>0.7，符合数据聚合的判断标准。

表 5.3　　各变量多水平数据的聚合检验

项目	r_{wg}	ICC（1）	ICC（2）
团队学习取向 T1	0.76	0.24	0.79
团队证明取向 T1	0.82	0.35	0.88
团队回避取向 T1	0.81	0.41	0.87
团队自省 T1	0.80	0.36	0.82
团队创造力 T1	0.91	0.31	0.81
团队学习取向 T2	0.85	0.31	0.86
团队证明取向 T2	0.78	0.30	0.88
团队回避取向 T2	0.87	0.46	0.82

5.5.3 量表的信度和效度分析

5.5.3.1 团队目标取向量表的信度和效度检验

团队目标取向的测量采用范德维勒（Vandewalle，1997）开发的量表，该量表包含三个维度，共13个题项，其中学习取向5个题项、证明取向4个题项、回避取向4个题项。同时，本研究采用的两次数据追踪探讨团队目标取向与团队创造力的动态关系，因此，需要对T1和T2阶段的数据进行信度和效度分析。计算两阶段的团队目标取向三因素的 Cronbach's α 信度系数，如表 5.4 所示。由表 5.4 可知，团队目标取向的两阶段数据的测量具有良好的可靠性。

表 5.4　　　　　　　　　团队目标取向的信度系数

变量	团队学习取向 T1	团队证明取向 T1	团队回避取向 T1	团队学习取向 T2	团队证明取向 T2	团队回避取向 T2
Cronbach's α 信度系数	0.90	0.87	0.92	0.85	0.82	0.88

通过两个时点的验证性因素分析比较团队目标取向的虚无模型、一因素模型、二因素模型和三因素模型，结果如表 5.5 和表 5.6 所示。由表 5.5 和表 5.6 可知，三因素模型的 RMSEA 小于 0.08，拟合程度较好（Steiger，1990），χ^2/df 的比值在 5 以下，CFI、NFI、GFI 均超过了 0.9，证明该模型是可以接受的。

表 5.5　　　　　　　　团队目标取向验证性因素分析（T1）

模型	所含因子	χ^2/df	RMSEA	NFI	CFI	GFI	p 值
模型 1	三个因子：TL；TP；TA	2.01	0.066	0.94	0.91	0.92	0.00
模型 2	二个因子：TL；TP + TA	3.20	0.114	0.88	0.85	0.87	0.00
模型 3	一个因子：TL + TP + TA	3.39	0.121	0.82	0.80	0.80	0.00
模型 4	虚无模型	4.40					

注：TL 表示团队学习取向；TP 表示团队证明取向；TA 表示团队回避取向；T1 表示第一阶段的数据收集；+ 表示两个因子的合并。

表 5.6　　　　　　　　团队目标取向验证性因素分析（T2）

模型	所含因子	χ^2/df	RMSEA	NFI	CFI	GFI	p 值
模型 1	三个因子：TL；TP；TA	2.15	0.071	0.93	0.92	0.92	0.00
模型 2	二个因子：TL；TP + TA	3.34	0.117	0.86	0.82	0.84	0.00

续表

模型	所含因子	χ^2/df	RMSEA	NFI	CFI	GFI	p值
模型3	一个因子：TL + TP + TA	4.10	0.134	0.77	0.71	0.73	0.00
模型4	虚无模型	4.58					0.00

注：TL表示团队学习取向；TP表示团队证明取向；TA表示团队回避取向；T2表示第二阶段的数据收集；+表示两个因子的合并。

5.5.3.2 团队自省量表的信度和效度分析

团队自省的测量采用斯威夫特和韦斯特（Swift & West，1998）开发的简短量表与席佩斯（Schippers，2003）开发的量表，单维变量，共9个题项。本研究采用内部一致性以检验各变量的信度，主要采用Cronbach's α系数以衡量其信度。团队自省的Cronbach's α系数为0.91，证明团队自省的测量具有良好的可靠性。

通过验证性因素分析检验团队自省量表效度，两次结果如下：χ^2/df均小于2，在5以下，CFI、NFI、GFI均超过了0.9，证明该模型是可以接受的。

5.5.3.3 团队创造力的信度和效度分析

团队创造力参考陈和昌（Chen & Chang，2005）与汉克（Hanke，2006）的研究成果，以焦点小组访谈和开放式问卷调查等方法，结合团队情境修正得到团队创造力的初始测量条款，并通过小样本测试分析形成本研究团队创造力的正式测量量表，包括新颖性和有用性两个维度，共12个题项。本研究采用内部一致性以检验各变量的信度，主要采用Cronbach's α系数以衡量其信度。团队创造力的Cronbach's α系数为0.82，证明团队创造力的测量具有良好的可靠性。

通过两个时点的验证性因素分析比较团队创造力的虚无模型、一因素模型和二因素模型，结果如表5.7和表5.8所示。由表5.7和表5.8可知，二因素模型的RMSEA小于0.08，拟合程度较好（Steiger，1990），χ^2/df的比值在5以下，CFI、NFI、GFI均超过了0.9，证明该模型是可以接受的。

表 5.7　　　　　　　团队创造力验证性因素分析（T1）

模型	所含因子	χ^2/df	RMSEA	NFI	CFI	GFI	p 值
模型 1	二个因子：TI；TU	2.11	0.064	0.97	0.93	0.95	0.00
模型 2	一个因子：TI + TU	3.79	0.101	0.80	0.76	0.77	0.00
模型 3	虚无模型	4.13					

注：TI 表示新颖性；TU 表示有用性；T1 表示第一阶段的数据收集；+ 表示两个因子的合并。

表 5.8　　　　　　　团队创造力验证性因素分析（T2）

模型	所含因子	χ^2/df	RMSEA	NFI	CFI	GFI	p 值
模型 1	二个因子：TI；TU	1.96	0.059	0.94	0.92	0.95	0.00
模型 2	一个因子：TI + TU	2.97	0.113	0.82	0.79	0.78	0.00
模型 3	虚无模型	5.01					

注：TI 表示新颖性；TU 表示有用性；T2 表示第二阶段的数据收集；+ 表示两个因子的合并。

5.5.4　追踪数据的信度分析

Cronbach's α 系数实在经典测验理论的框架下针对横断研究定义的，而对追踪研究测验的信度，Cronbach's α 系数会导致测验信度估计偏差（Biemer et al.，2009）。故本研究采用 RT 系数对整个追踪研究的信度进行测量。经计算，$R_T = 0.812$，解释了大部分的变异，具有较高的区分能力，认为可信。

5.5.5　变量的描述性统计和相关性分析

相关分析用于检验变量间是否存在关联，其取值范围介于 -1.00 ~ 1.00 之间。一般情况下，相关系数的绝对值在 0.3 以下为弱相关，0.3 ~ 0.8 之间为中相关，0.8 ~ 1.0 为强相关；若变量间的相关系数的绝对值大于 0.8 时，可能存在多重共线性问题（马国庆，2002）。本研究相关变量的平均值、标准差和相关系数的分析结果，如表 5.9 所示。

表 5.9 团队层次变量的平均值、标准差和相关系数矩阵

变量	平均值	标准差	1 团队成立时间	2 团队工作时间	3 团队学习取向 T1	4 团队证明取向 T1	5 团队回避取向 T1	6 团队自省 T1	7 团队创造力 T1	8 团队学习取向 T2	9 团队证明取向 T2
1 团队成立时间	3.82	0.59									
2 团队工作时间	2.88	1.13	0.17								
3 团队学习取向 T1	4.06	0.48	0.09	−0.08							
4 团队证明取向 T1	3.99	0.55	−0.07	−1.03	0.40**						
5 团队回避取向 T1	2.03	0.58	−0.06	0.02	−0.29**	−0.11					
6 团队自省 T1	4.10	0.45	0.04	−0.10	0.34**	0.25**	−0.09**				
7 团队创造力 T1	3.68	0.58	−0.11	−0.02	0.56**	0.47**	−0.26**	0.41**			
8 团队学习取向 T2	4.19	0.49	0.05	−0.06	0.13**	0.16**	−0.13**	0.09**	0.15**		
9 团队证明取向 T2	4.05	0.47	0.08	−0.04	0.08**	0.11	−0.12**	0.07**	0.08**	0.18**	
10 团队回避取向 T2	2.01	0.48	−0.07	0.04	−0.09**	−0.10**	−0.03	−0.08*	−0.06**	−0.07	−0.03**

注：* $p<0.05$，** $p<0.01$。

由表5.9可知，团队学习取向T1、团队证明取向T1与团队创造力T1（$r=0.56$，$p<0.01$；$r=0.47$，$p<0.01$）显著正相关，而团队回避取向T1与团队创造力T1（$r=-0.26$，$p<0.01$）显著负相关；这再次验证了第3章所提出的团队目标取向与团队创造力的假设关系。团队自省T1与团队创造力T1（$r=0.41$，$p<0.01$）显著正相关；团队创造力T1与团队学习取向T2（$r=0.15$，$p<0.01$）、团队证明取向T2（$r=0.08$，$p<0.01$）显著正相关，而与团队回避取向T2（$r=-0.06$，$p<0.01$）显著负相关。

基于以上相关分析，本研究认为变量间的关系基本符合研究假设，且各研究变量之间的相关系数绝对值在0.8以下，可以初步判定变量间不存在多重共线性问题。然而，相关分析只能表明变量间是否存在关联性，并不能揭示变量间的影响关系及其程度，因此，需要对变量进行多元回归分析。

5.5.6 假设检验

基于IMOI研究范式，本研究构建了团队目标取向与团队创造力的动态交互影响模型；且通过第3章目标取向对创造力影响的多层次模型的构建和研究假设的提出及检验，本研究已经阐明初始阶段（T1）团队目标取向对团队创造力的影响关系，主要包括团队目标取向对团队创造力的直接和间接效应。同时，本研究通过两次数据追踪收集数据除了检验团队目标取向对团队创造力的影响，主要检验初始阶段的团队创造力对随后阶段的团队目标取向的影响。

5.5.6.1 团队自省中介作用的检验

首先，我们通过层级回归分析对团队自省作为团队目标取向与团队创造力间的中介机制进行假设验证（此前先对变量进行中心化处理），所得回归分析结果如表5.10所示。根据巴伦和肯尼（1986）检验中介变量的经典方法，中介作用存在须满足三个条件：第一，自变量与因变量显著相关。第二，自变量与中介变量显著相关。第三，当自变量和中介变量同时进入回归方程解释因变量时，若中介变量的作用显著而自变量变得不显著，则为完全中介作用；若中介变量的作用显著而自变量的作用依然显著，但自变量的作用减弱，则为部分中介作用（Baron & Kenny, 1986）。

表 5.10 团队自省中介效应的层级回归分析结果

变量		团队创造力 T1		
		模型 1	模型 2	模型 3
控制变量	团队成立时间	-0.11	-0.07	-0.05
	团队工作时间	-0.02	0.06	0.07
自变量	团队学习取向 T1		0.41**	0.34**
	团队证明取向 T1		0.29**	0.27**
	团队回避取向 T1		-0.12**	-0.09**
中介变量	团队自省 T1			0.22**
	ΔR^2	0.01	0.39	0.04
	ΔF	0.70	27.62**	9.67**

注：T1 表示是第一时点测量的，T2 表示是第二时点测量的；*$p<0.05$，**$p<0.01$。

针对考察中介作用存在的三个条件，由表 5.10 可知，团队自省在团队目标取向（团队学习取向、团队证明取向与团队回避取向）与团队创造力之间的中介作用得到实证数据的支持，再次验证了第 3 章中所提出的团队自省在团队目标取向与团队创造力关系中起到中介作用。具体而言，团队学习取向 T1、团队证明取向 T1 与团队回避取向对团队创造力 T1 回归的效应显著（M2，0.41，$p<0.01$；0.29，$p<0.01$；-0.12，$p<0.01$）；但是当团队目标取向 T1 与团队自省 T1 同时进入回归方程时，团队学习取向 T1、团队证明取向 T1 与团队回避取向 T1 对团队创造力 T1 的影响显著降低（M3，0.34，$p<0.01$；0.27，$p<0.01$；-0.09，$p<0.01$）。由此可知，团队自省 T1 在团队目标取向 T1（团队学习取向 T1、团队证明取向 T1 与团队回避取向 T1）与团队创造力 T1 之间起着显著的部分中介作用。

5.5.6.2 初始团队创造力与随后阶段的团队目标取向关系验证

如前所述，初始团队创造力（团队创造力 T1）会影响随后阶段的团队目标取向（团队目标取向 T2），即团队目标取向与团队创造力的因果关系遵循

IMOI 范式演进。为了确保 T2 阶段的数据结果有效性，减少 T1 阶段（团队目标取向 T1、团队自省 T1）对 T2 阶段（团队目标取向 T2）的影响，本研究将控制第一阶段的团队目标取向与团队自省（Schippers et al.，2013）。本研究主要运用层次回归分析初始团队创造力与对随后阶段的团队目标取向的影响，结果如表 5.11 所示。由表 5.11 可知，初始团队创造力（团队创造力 T1）对随后阶段的团队学习目标取向（团队学习取向 T2）、团队证明取向（团队证明取向 T2）显著正向影响（M2，0.24，$p<0.01$；M4，0.15，$p<0.01$），而对随后阶段的团队回避取向（团队回避取向 T2）显著负向影响（M6，-0.10，$p<0.01$）；基于以上分析，假设 1、假设 2 与假设 3 得到支持。由此说明，初始阶段的团队创造力对随后阶段的团队目标取向影响遵循 IMOI 研究范式的反馈回路。

表 5.11　　基于 IMOI 的反馈回路效应的层级回归分析结果

	变量	团队学习取向 T2		团队证明取向 T2		团队回避取向 T2	
		M1	M2	M3	M4	M5	M6
控制变量	团队成立时间	0.01	0.03	-0.06	-0.05	-0.23	-0.22
	团队工作时间	-0.14	-0.16	-0.04	-0.06	0.09	0.08
	团队学习取向 T1	0.28*	0.14	0.21*	0.09	0.23*	0.15
	团队证明取向 T1	0.14	0.04	0.11	0.03	0.19	0.13
	团队回避取向 T1	-0.07	-0.03	-0.01	-0.07	0.08	0.10
	团队自省 T1	0.12*	0.10*	0.12*	0.08	0.15*	0.07
自变量	团队创造力 T1		0.24**		0.15**		-0.10**
	ΔR^2	0.18	0.07	0.06	0.05	0.19	0.07**
	ΔF	5.35	11.02**	1.48	6.54*	5.75	13.85**

注：T1 表示是第一时点测量的，T2 表示是第二时点测量的；*$p<0.05$，**$p<0.01$。

5.6　研 究 小 结

本研究的主要目的在于探讨团队目标取向对团队创造力的动态交互影

响过程，即团队目标取向与团队创造力的因果关系遵循 IMOI 反馈回路范式演进。研究包括两个方面的主要内容：第一，通过第一阶段的数据收集和分析，检验第 3 章中在团队层面提出的关于团队目标取向与团队创造力的影响过程研究，重点关注团队自省在团队目标取向与团队创造力关系间的中介作用；第二，初始团队创造力（团队创造力 T1）对随后阶段的团队目标取向（团队学习取向 T2、团队证明取向 T2、团队回避取向 T2）产生的影响是否存在差异，同时这两者的因果关系是否遵循 IMOI 反馈回路范式演进。

本研究以上海大众产品部门的研发团队为研究对象，且主要目标是探讨团队目标取向与团队创造力的因果关系遵循 IMOI 反馈回路范式演进；基于此，本研究采用两时点（时间 T1 和时间 T2）数据追踪。通过现场调查的方式进行数据收集和获取，借助层次回归分析技术和结构方程模型等方法就目标取向对团队创造力的动态交互影响过程进行了研究。研究发现：初始团队创造力（团队创造力 T1）对随后阶段的团队学习取向（团队学习取向 T2）和团队证明取向（团队证明取向 T2）产生正向影响，即团队学习取向、团队证明取向与团队创造力的因果关系遵循 IMOI 反馈回路范式演进；而初始团队创造力（团队创造力 T1）对随后阶段的团队回避取向（团队学习取向 T2）产生负向影响，即团队回避取向与团队创造力的因果关系遵循 IMOI 反馈回路范式演进。其主要理论贡献主要体现在两个方面。其一，通过第一时点的数据验证，再次验证了第 3 章所提出的团队自省在团队目标取向与团队创造力间起到中介作用。这不仅深化我们对团队自省前因和后果的认识，而且进一步揭开了团队目标取向与团队创造力之间的过程"黑箱"，深化了对团队目标取向与团队创造力关系的认识。其二，本研究突破了采用传统的采用 I-P-O 研究模式探讨变量间的关系研究，且多数为横截面研究的界限，尝试从已有研究和推论构建基于 IMOI 研究范式的团队目标取向与团队创造力的动态影响研究，并通过对两阶段数据追踪的分析，验证团队目标取向与团队创造力的因果关系遵循 IMOI 反馈回路范式演进。研究结论不仅从研究方法印证了伊尔根等（Ilgen et al.，2005）所提出的 IMOI 研究范式，而且从理论上拓展了团队目标取向与团队创造力的动态影响关系研究。

通过上述分析过程，本研究构建了基于 IMOI 研究范式的团队目标取向与团队创造力动态交互影响的模型。然而，本研究以 IMOI 研究范式的定量视角对团队目标取向与团队创造力的动态关系进行了探讨，缺少定性研究。这为下一章关于团队目标取向与团队创造力的动态演化案例研究提供了素材。

第6章
目标取向与创造力动态演化关系的案例研究

6.1 引　言

组织提高其创造力的内在机制在很大程度上体现为基于团队的结构化任务特征和团队状态,当外部环境竞争激烈的情景下,团队比个体拥有更多的技能、经验、网络等资源应对机遇和挑战(West,1996)。团队目标取向之所以引起学术界和实践界的关注,其主要原因不仅仅在于其表现出的团队状态和氛围,更为重要的是,团队目标取向与团队创造力之间存在密切的关联,研究者希望通过研究团队目标取向的相关问题,找到一条提高团队创造力的有效途径(Gong et al.,2012);同时,团队过往创造力作为环境线索(如团队领导成就模式、管理策略心理情景、信息反馈和措施选择等)指导和调整团队成员行为,通过互动形成个体心理氛围(psychological climate),在共享的基础上构成关于团队目标偏好和成就焦点的团队心理氛围,则会产生团队状态目标取向。按照 ASD（adaptation-selection-development）的分析和观点,团队目标取向的形成和演化标志着工作团队具备了进一步发展的条件,而该条件是否会支撑团队实现更高水平的团队创造力仍是一个亟待检验和解决的命题。基于此,本研究选择团队层面的目标取向与创造力的动态演化关系进行分析。

6.2　研究目的

已有研究发现,团队目标取向是影响团队创造力的重要因素（Gong et al., 2009; Hirst, Van Knippenberg & Zhou, 2009）。随着研究的深入,一些学者开始意识到,探索团队创造力与相关要素的动态演化关系是一个亟待检验和解决的命题,也是深化团队创造力理论研究的关键步骤。因而,本部分的研究目的是在借鉴 ASD 分析和观点的基础上,通过多案例追踪研究,探讨团队目标取向与团队创造力关系的动态演化规律。

6.3　理论基础和动态分析框架

在建构动态分析框架之前,本研究首先对相关理论进行了系统总结,并理清其与本研究内容间的逻辑关系。

6.3.1　相关理论——ASD 模型

施奈德（Schneider, 1987）的研究首次提出了"吸引→选择→退出"模型,即 ASA 模型,认为单独的个体和环境特征都不能解释态度和行为结果的改变,个体行为受到个体和环境两层面因素的交互作用影响。随后,伍德曼等（Woodman et al., 1993）和爱德华兹（Edwards, 1996）提出了反映个体与环境互动的"人→情景互动模型"和"人→环境匹配模型"。利文斯敦等（Livingstone et al.，1997）的研究进一步表明，人与环境的相互作用共同影响团队创造力。

在 ASA 模型的基础上，王（Wang，2003）围绕管理胜任力问题，从动态研究视角构建了多阶段选拔的 ASD 理论模型。在该模型中，A 代表适应性（adaptation），S 代表选择（selection），D 为发展（development）。同时，他指出，人事选拔是一个多阶段的过程，因而需要从动态视角分析三个阶段的演变过程，由此可见，ASD 模型针对人事选拔，多用于实践操作，所以在理论推广方面受到了限制。针对这一问题，王和张（Wang & Zhang，2005）在结合生态系统中主体动态演化规律的基础上提出了更具推广性的 ASD 框架。ASD 动态分析框架的核心思想是"适应→选择→发展"理论可以解释生态系统中行动主体和环境之间的动态匹配过程，且这一过程循环往复；同时，为了适应环境，行动主体首先选择合适的策略和行为，从而获得进一步发展和提升的条件，在具备发展的条件之后，行为主体能够展现出积极的状态；且在实现第一阶段的适应基础上，主体需要评估环境的变化并做出新一轮的再选择。由此可知，基于人与组织匹配视角的 ASD 动态分析框架为本研究的追踪研究设计提供了可借鉴性的逻辑启发。

6.3.2 动态分析框架的提出

通过第 5 章团队目标取向与团队创造力的追踪分析，主要探讨团队目标取向对团队创造力的动态交互影响过程，且遵循 IMOI 动态研究范式构建了初步的动态分析思路，即"团队目标取向→团队自省→团队创造力→下一阶段团队目标取向"；基于此，通过两次数据追踪，研究发现团队目标取向与团队创造力的因果关系遵循 IMOI 反馈回路范式演进。为了更深入的阐释"团队目标取向→团队自省→团队创造力→下一阶段团队目标取向"这一作用路径的内在演化机制，本研究尝试引入动态分析框架。结合第 4 章的目标取向对创造力影响的多层次静态关系模型和第 5 章中的团队目标取向与团队创造力的追踪分析，本研究提出了"团队目标取向→团队自省→团队创造力→下一阶段团队目标取向"的动态分析框架，如图 6.1 所示。

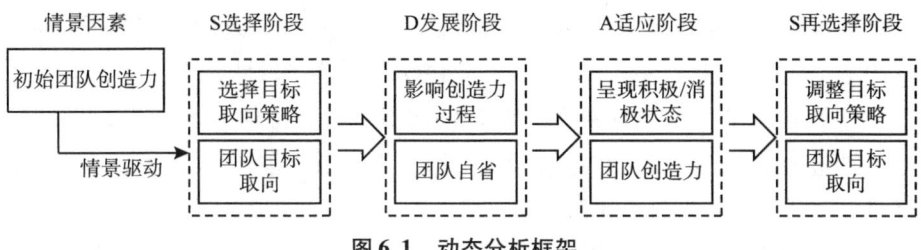

情景因素	S选择阶段	D发展阶段	A适应阶段	S再选择阶段
初始团队创造力 → 情景驱动	选择目标取向策略 / 团队目标取向	影响创造力过程 / 团队自省	呈现积极/消极状态 / 团队创造力	调整目标取向策略 / 团队目标取向

图 6.1 动态分析框架

以上"团队目标取向影响团队创造力动态分析框架"的核心推演过程，主要包括以下五个环节。

(1) 初始团队创造力的驱动作用。过往团队表现往往会造成一种制约当前和未来决策与行动的心理情境或环境线索（卫旭华和刘咏梅，2014）；"人—情景"互动理论强调情景因素对个体和群体心理及行为的促进或抑制作用。同时，杜马等（Douma et al.，2000）提出了"动态视角下的匹配"，他们认为传统理论上的匹配是静态的匹配，而现实环境是动态变幻的，原有良好的匹配可能会随着环境的变化而变成不匹配，因此需要有管理动态匹配的能力。基于此，本研究认为初始团队创造力作为环境线索，与行动主体的动态匹配，影响随后阶段的行为，进而影响团队交互过程。同时，在本研究的动态分析框架中，初始团队创造力成为影响团队目标取向与团队创造力动态关系的情境驱动因素。

(2) 选择阶段。在选择阶段，为了适应情境变化，团队行动主体首先会根据情境变化而选择合适的目标取向策略。当初始团队创造力较高时，具有学习取向的团队为了匹配环境，会增强团队学习氛围，夯实学习取向；具有证明取向的团队同样也会增强团队证明取向；然而，具有回避取向的团队为了匹配环境，团队成员会接受有挑战性的任务，不再害怕失败和较差的外部评价，从而降低了团队回避取向；相反，当初始团队创造力较低时，具有学习取向或者证明取向的团队为了匹配环境，可能会选择较低的学习取向或者证明取向；但具有回避取向的团队则会选择较高的回避取向，因为，他们更害怕较差的团队创造力所带来的较差外部评价和风险。

(3) 发展阶段。行为主体在选择阶段所选择的结果，会形成既定的目标取向；当进入发展阶段时，不同的目标取向对团队自省这一中介要素产生不同的影响效果（促进或者阻碍）。当目标取向有利于提升团队自省水平时，这也会为结果变量（创造力）的提升提供了前提条件，呈现"发展状态"。

（4）适应阶段。当具备发展的条件之后，行为主体会表现出积极的状态，即进入了适应阶段。在适应阶段，通过选择目标取向，进而获得提升的条件和过程，最终提升了团队创造力。

（5）再选择阶段。环境和行为主体的交互作用逐步推动团队创造力的提升，因此，在实现第一阶段的"适应"之后，行为主体需要对环境进行新的评估，进而根据环境变化做出新一轮的"选择"。

通过对已有研究的分析和总结，第4章构建了"团队目标取向→团队自省→团队创造力→下一阶段团队目标取向"这一动态演化路径，因此，本研究所提出的动态分析框架只是在原有基础上的初步理论推演，属于探索性的研究问题。本部分主要研究内容利用典型案例验证了此动态过程，并剖析了每个过程的主要特征。

6.4 研究方法

案例研究是管理理论构建和理论改进的重要研究方法，适合研究"怎么样"（how）和"为什么"（why）这两类问题（Yin，1994）。本研究采用单案例研究方法，并在单案例研究情境中嵌入多个分析单元（团队A、团队B等），以便分析、比较。首先，本研究旨在回答行为主体选择目标策略与环境的动态匹配如何影响团队创造力的演化，属于回答"如何"问题范畴，且本研究团队目标取向与团队创造力的动态演化，是一个动态互动的过程，因此，适宜采用案例研究。其次，选择单案例可以对某一特定现象或问题进行深入描述和剖析（Yin，2002），这有助于理解某一特定现象背后动态、复杂的机制（Eisenhardt，1989），提炼出解释复杂现象的理论或规律（Eisenhardt & Graebner，2007）。最后，在遵循复制和扩展逻辑的基础上，本研究在单案例研究情境下，加入多个分析单元，从而使建立的理论更加精确（Eisenhardt，1991）。

6.4.1 解释性案例研究

按照研究目的的不同，案例研究可以分为三种类型：解释性案例研究（explanatory case study）、描述性案例研究（descriptive case study）与探索性案例研究（exploratory case study）（Eisenhardt，1989）。解释性案例研究通常用于因果关系的探索，通过案例的多维信息来阐明某个问题的逻辑关系；描述性案例研究则在研究前就形成一个明确的理论导向，以此作为案例描述和分析的理论框架；探索性案例研究往往会超越已有的理论体系，运用新的视角、假设和方法来探索某种复杂现象，形成关于该现象的新知识和新理论。通过对已有文献的分析和推演，本研究构建了"团队目标取向→团队自省→团队创造力→下一阶段团队目标取向"这一动态演化路径，因而更适合解释性案例研究。

6.4.2 纵向案例研究

按照案例研究的时间特性，可以将案例研究分为横向案例研究和纵向案例研究。其中，纵向案例主要是指在2个或2个以上的不同时间点考察同一研究对象，以此探讨研究现象的因果关系（Yin，2003），其主要目的试图解释现象背后所隐含动力机制的作用过程。因此，纵向案例研究更适合考察团队目标取向与团队创造力的动态演化过程。

6.4.3 研究设计原则

为保证本研究的有效性及可信性，本研究根据殷（Yin，2002）提出的分析推广逻辑，首先通过结合一手数据和二手数据，建立证据链，对案例进行深入的因果关系和机制阐述，再根据使用少数几个子案例对其初始的案例研究进行复制，以检验初始案例研究结论在这些复制的子案例中的适应性，保证本案例研究的内外部效度（见表6.1）。

表 6.1　　　　　　　　　　案例设计策略

信效度指标	案例研究策略	策略发生阶段
信度	采用案例研究草案	研究设计
	建立案例研究资料库：确保重复研究的相同结论	数据收集
	检验归类一致性指数和分析者信度	数据分析
构念效度	采用多元证据来源：一手数据和二手数据相结合	数据收集 数据撰写
	构建证据链：关键词、引用词等	
	报告核实：交由企业相关人员阅读及审核	
内在效度	模式匹配：概念模型与研究结论相匹配	数据分析
	分析与之相对立的竞争性解释	
外在效度	理论指导本案例研究	研究设计
	通过重复、复制的方法对多个子单元进行研究	

6.4.4 案例选择

案例研究者经常面临"如何挑选案例"以及"确定案例数量"的棘手问题。本研究遵循典型性原则（Patton，1987），选取上海大众汽车有限公司（简称"上海大众"）作为案例研究对象，并遵循理论抽样的原则，选取产品部门的 3 个研发团队加以分析。

选择大众的主要原因有：第一，本研究所选企业的自主研发和技术开发处于行业领先水平，连续八年荣获中国十佳合资企业称号，并连续九年被评为全国质量效益型企业。这与我们研究创造力主题相一致；第二，上海大众注重团队建设和发展，这与我们研究对象注重的环境相吻合；第三，笔者和其导师长期致力于团队创造力的研究，从 2008 年开始与上海大众保持紧密的合作，同时，上海大众有多名企业高管参加笔者所在学校的 EMBA 和 MBA 项目，在长期的合作过程中，研究团队与大众形成了良好的协作关系，为收集研究所需的数据和素材提供了极大的便利。

选取产品工程部门中的 3 个团队的主要原因在于：第一，这 3 个团队主要从事产品的研发，对团队创造力的要求比较高，具有普遍的代表性；第二，这 3 个团队的成立时间比较长，容易追踪其数据，便于动态观察和分析；第三，团队领导获得管理学硕士学位，且具有良好的沟通能力，有利于与其合作和交流，获得丰富和翔实的数据。

6.4.5 数据分析方法

6.4.5.1 案例数据来源及收集方式

案例研究的资料可以通过不同渠道获得，其收集方法包括：文件（正式报告、公文、演示文稿资料等）、档案记录、直接观察、问卷、访谈、参与观察以及实体的人造物等，其主要目的在于为研究主题提供更丰富、更可靠的解释（Jick，1979）。在实践过程中，多数学者建议采用"三角验证法"收集数据。巴顿（Patton，2005）所提出的方法，从不同证据来源（数据三角形）、由不同评估员（研究者三角形）、同一资料集合的不同维度（理论三角形）、各种不同方法（方法论三角形）对证据进行分析，以提高研究的信度。因此，综合研究目的以及所选择案例的特点，本研究拟采用多层次、多数据来源的资料收集方式，以便形成的三角验证，增强研究结果的准确性。

6.4.5.2 数据分析

由于案例写作的核心是通过访谈资料和档案数据之间的"三角验证"，以提供给所研究主题更丰富、更可靠的解释（Jick，1979），故本研究根据巴顿（Patton，2005）所提出的方法，从不同证据源，由不同评估员（研究者）对证据进行分析，以提高研究的信度。本研究的数据分析过程如下。

（1）通过企业网站以及与内部人员提前沟通的方式，了解目标案例所在企业的发展历程、经营情况、企业文化等方面的基本信息。

（2）通过与样本团队成员的深度访谈，了解团队成员的基本信息，以及其目标取向；同时，了解其在团队中所感受到的团队氛围和团队创造力情况；这有利于研究者判断各团队间的目标取向与团队创造力的差异，进而探讨两者之间的关系。

（3）通过与样本团队主管的深度访谈，了解团队的基本信息，以及团队创造力的影响因素及其变化情况；同时，了解团队目标取向的变动情况，及其与团队创造力是否存在动态影响关系？影响过程是怎样的？

6.5 追踪案例分析

6.5.1 案例介绍

在展开 ASD 动态分析之前，首先对 A 团队、B 团队与 C 团队的背景信息做简要描述。A 团队成立与 2010 年 7 月，主要由产品部门中负责整车试验的技术员工组成，其主要职责是负责协调安排整车试验工作，对试验中出现的问题进行分析和跟踪，促进零件质量的改进和认可。B 团队成立于 2009 年 1 月，主要由产品工程部门的负责车头制作的技术人员组成，其主要职责是协调标准车头的制作和优化，为产品开发和流水线装车提供技术支持。C 团队成立于 2011 年 5 月，主要由上海大众的项目管理人员组成，其主要职责是负责产品部门的项目审核等。

由于本案例研究的目的在于，考察团队目标取向与团队创造力的动态演化关系，因而对团队成立的时间要求比较严格，因为成立时间较短的话，很难追踪其团队创造力的变化。对于本研究选择的案例而言，A 团队、B 团队与 C 团队成立时间都在 6 年以上，团队经历过动荡和发展，且团队成员及其主管对团队氛围、团队创造力等的理解更深刻。同时，本研究的目标取向分为学习取向、证明取向与回避取向，因此，本研究采取采样的标准选择案例团队，以保证样本之间存在足够变异度的要求，进而探讨三种不同的目标取向与创造力动态演化关系。对于本研究选择的案例团队而言，在 A 团队中，团队成员及其主管能够感知到浓厚的学习氛围，整体表现了团队学习取向；在 B 团队中，团队成员及其主管更加重视团队的外部评价，整体表现了团队证明取向；在 C 团队中，团队成员及其主管更加倾向于规避风险，避免较差的外部评价，整体表现了团队回避取向。基于此，研究者选择了三个具有代表性的案例。

6.5.2 动态演化的逻辑分析过程

逻辑分析（logic models）主要用于探究一定时期内各个事件或概念之间

复杂而精确的链条；这些事件或概念能够展现"原因—结果—原因"的重复与循环（Lin，Miller & Carbtree，2000）。因此，本研究首先采用逻辑分析技术，考察团队目标取向与团队创造力之间的动态变化关系。

6.5.2.1　A团队（学习取向团队）的ASD阶段分析

针对A团队的追踪案例研究，共有3次数据采集点。第1次数据采集（2013年6月），了解团队信息、初始阶段的团队学习取向（S1）、初始阶段的团队自省（D1）；第2次数据采集（2013年8月），主要测量初始阶段的团队创造力（A1）；第3次数据采集（2014年6月），主要了解随后阶段的团队学习取向（S2）、团队自省（D2）及团队创造力（A2）。具体的动态演化过程如图6.2所示。

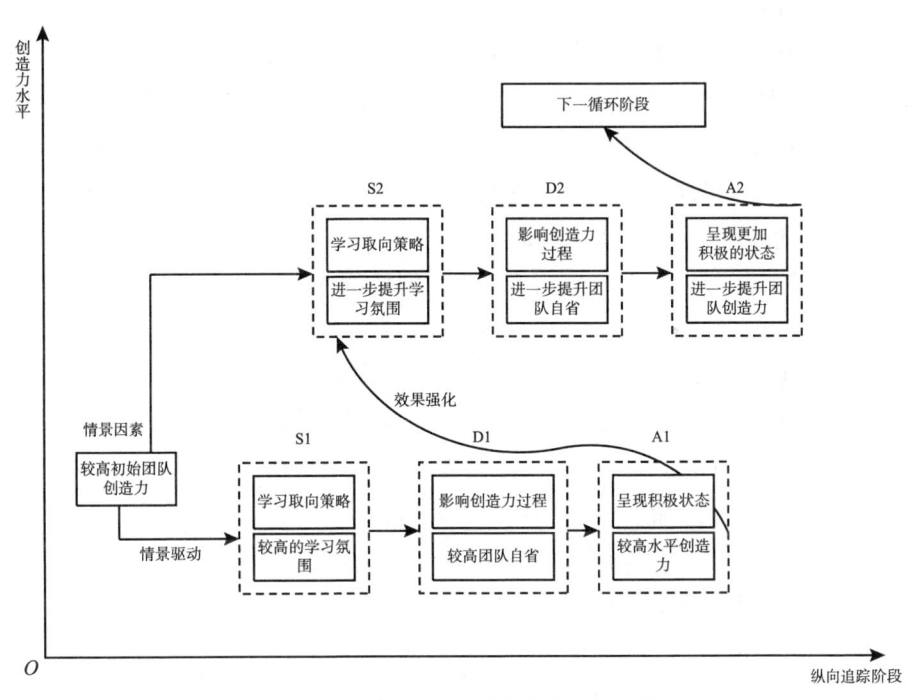

图6.2　A团队ASD动态演化路径分析

（1）初始循环阶段（S1→D1→A1）：主分析单元。

A团队成员主要负责协调安排整车试验工作，对试验中出现的问题进行分析和跟踪，促进零件质量的改进和认可。由图 6.2 可知，A 团队在初始团队创造力方面取得较高的成绩，这表明在团队的日常运作过程中，团队成员之间经常针对试验中出现的问题进行讨论，并提出改进的意见。此时，团队内的多数成员会根据已有的团队环境氛围，沿着"情境感知→行为"的反应方式，选择与初始团队创造力相适应的目标取向策略。由于 A 团队的较高团队创造力反映了团队成员对当前问题进行讨论，并提出新颖的解决方式，促使团队成员为了适应环境选择学习目标取向，在团队内营造较高的学习氛围。

在第一次访谈的同时，研究者也采用问卷调查的方式，测量了 A 团队整体的团队自省，均值为 4.10。这表明在较高的团队创造力水平下，较高的学习氛围更能与创造力相匹配，推动团队整体的学习取向，进而促进团队成员对团队任务、目标和策略等公开反思，提升团队自省水平，最终为创造力的提升提供了条件。

研究者在第 2 次数据采集时，采用团队创造力测量量表，考察 A 团队在经历初始阶段循环后的创造力水平（A1）。结果发现，在此阶段，A 团队的创造力水平较高，均值为 3.67。这表明，当具备了发展条件之后，整个团队能够展现出积极的结果状态，即进入适应阶段；在此阶段，创造力得到提升。

（2）随后循环阶段（S2→D2→A2）：主分析单元。

在第 3 次数据采集时，研究者采用了问卷调查方法，对 A 团队在第 2 次循环过程中的团队学习取向（S2）、团队自省（D2）进行了测量。

依据 ASD 动态演化框架，环境和行为主体的交互作用是动态变化的，因而在实现初始阶段的"适应"（A1）后，团队成员需要评估环境，并据此作为环境线索，影响随后阶段的决策。因此，在经历初始阶段的"适应"之后，团队成员需做出新一轮的学习取向策略选择，即进入 S2 阶段。由于较高的团队创造力水平能够给团队成员带来较高的成就感，对具有学习取向的团队带来积极效果，因而团队内多数成员会依据"正强化"原则，选择并持续增强学习取向策略。

由于团队内多数成员持续增强学习取向策略，益于营造积极的团队学习氛围，便于团队成员获取较多的知识和技能；在此基础上，团队成员通过掌握更多知识和技能对现有的任务、策略等提出新的解决办法，进而提升了团队自省。在此阶段，团队自省的均值为 4.16。当随后循环阶段运行到 A2 时，随着团队自省水平的提高，测量所得的团队创造力水平也有所提升，均值为3.81。这表明，当循环进入随后阶段时，较高的团队创造力水平会使团队学习取向持续提升，进而提升团队自省水平，最终促进团队创造力的提升。

（3）随后阶段效果强化的原因分析：次分析单元。

通过以上分析发现：在初始阶段，较高的团队学习取向会促进团队创造力的提升；进入随后阶段，持续增强的团队学习取向会进一步提升团队创造力。由此，效果强化的原因是什么？

贡等（Gong et al., 2013）对团队目标取向与创造力进行了跨层次的研究，研究认为团队学习取向通过团队学习行为对个体和团队创造力产生积极的影响，并提出了相应的研究展望，该研究认为虽然研究发现团队学习取向通过团队学习对团队创造力产生了积极影响，但忽略了团队创造力与团队学习取向之间的反转效应，即团队学习取向与团队创造力的动态演化关系。对于此，笔者对 A 团队进行深度访谈中，团队主管及团队成员表示：

> "我们在取得较高的团队绩效，包括团队创造力时，这会激发我们的成就感，进而持续增强这种学习取向，营造积极的团队学习氛围；在这种氛围中，大家努力去学习新的知识和技能，并进行讨论和交流，对任务提出新的想法和建议，最终进一步提升我们的工作绩效。"

> "作为团队里的一名老员工，期盼团队发展得越来越好；当团队想出一个好点子时，我们会非常开心，会相互庆祝并相互鼓励；接下来，我们会总结，并加强学习，以便对问题提出更好的解决办法和思路。"

基于以上分析，本研究认为：较高的团队学习取向带来较高的团队创造力的原因在于，团队学习取向不仅能营造良好的学习氛围，鼓励知识获取行为，还会增强团队成员之间的交流和合作，进而提升团队创造力。相反，初始团队创造力水平较低的情况下，这会挫伤团队成员的积极性，导致团队成员降低其学习取向水平，进而导致整体团队学习水平降低。在这种情况下，团队学习取向的降低会影响团队成员的知识获取和交流，减少了对任务和策略等的反思，进而降低了团队自省水平，最终不利于团队创造力水平的提升。同时，团队创造力水平的降低促使团队成员继续降低其学习取向水平，导致整体团队学习取向水平降低，进而更加不利于团队自省水平的提高，最终对随后阶段的团队创造力产生消极的影响。

6.5.2.2 B团队（证明取向团队）的ASD阶段分析

针对B团队的追踪案例研究，共有3次数据采集点。第1次数据采集（2013年6月），了解团队信息、初始阶段的团队证明取向（S1）、初始阶段的团队自省（D1）；第2次数据采集（2013年8月），主要测量初始阶段的团队创造力（A1）；第3次数据采集（2014年6月），主要了解随后阶段的团队证明取向（S2）、团队自省（D2）及团队创造力（A2）。具体的动态演化过程如图6.3所示。

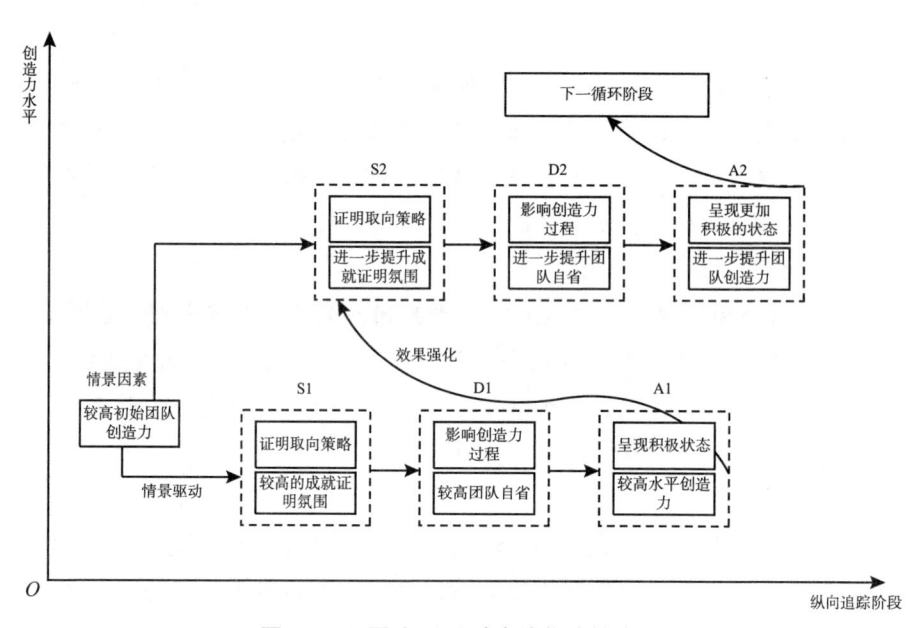

图6.3 B团队ASD动态演化路径分析

（1）初始循环阶段（S1→D1→A1）：主分析单元。

B团队成员主要负责协调标准车头的制作和优化，为产品开发和流水线装车提供技术支持。由图 6.3 可知，B 团队在初始团队创造力方面取得较高的成绩，这表明在团队的日常运作过程中，团队成员之间经常针对产品开发中出现的问题进行讨论，并提出改进的意见。此时，团队内的多数成员会根据已有的团队环境氛围，沿着"情境感知→行为"的反应方式，选择与初始团队创造力相适应的目标取向策略。在 B 团队中，团队成员及其主管更加重视团队的外部评价，整体表现了团队证明取向；此时，B 团队的较高团队创造力反映了团队成员对当前问题进行讨论，并提出新颖的解决方式，促使团队成员为了适应环境选择证明取向，在团队内营造较高的成就证明氛围。

在第一次访谈的同时，研究者也采用问卷调查的方式，测量了 B 团队整体的团队自省，均值为 3.89。这表明在较高的团队创造力水平下，较高的成就证明氛围更能与创造力相匹配，推动团队整体的证明取向，进而促进团队成员对团队任务、目标和策略等公开反思，提升团队自省水平，最终为创造力的提升提供了条件。

研究者在第 2 次数据采集时，采用团队创造力测量量表，考察 B 团队在经理初始阶段循环后的创造力水平（A1）。结果发现，在此阶段，B 团队的创造力水平较高，均值为 3.67。这表明，当具备了发展条件之后，整个团队能够展现出积极的结果状态，即进入适应阶段；在此阶段，创造力得到提升。

（2）随后循环阶段（S2→D2→A2）：主分析单元。

在第 3 次数据采集时，研究者采用了问卷调查方法，对 B 团队在第 2 次循环过程中的团队证明取向（S2）、团队自省（D2）进行了测量。

依据 ASD 动态演化框架，环境和行为主体的交互作用是动态变化的，因而在实现初始阶段的"适应"（A1）后，团队成员需要评估环境，并据此作为环境线索，影响随后阶段的决策。因此，在经历初始阶段的"适应"之后，团队成员需做出新一轮的证明取向策略选择，即进入 S2 阶段。由于较高的团队创造力水平能够给团队成员带来较高的成就感，对具有证明取向的团队带来积极效果，因而团队内多数成员会依据"正强化"原则，选择并持续增强证明取向策略。

由于团队内多数成员持续增强证明取向策略，益于营造积极的团队成就证明氛围，激励团队成员的工作积极性；在此基础上，团队成员通过努力工作和与其他成员间展开交流和合作，进而共同对现有的任务、策略等进行反思，提升了团队自省水平。在此阶段，团队自省的均值为4.11。当随后循环阶段运行到A2时，随着团队自省水平的提高，测量所得的团队创造力水平也有所提升，均值为3.74。这表明，当循环进入随后阶段时，较高的团队创造力水平会使团队证明取向持续提升，进而提升团队自省水平，最终促进团队创造力的提升。

(3) 随后阶段效果强化的原因分析：次分析单元。

通过以上分析发现：在初始阶段，较高的团队证明取向会促进团队创造力的提升；进入随后阶段，持续增强的团队证明取向会进一步提升团队创造力。由此，效果强化的原因是什么？

贡等（Gong et al.，2013）对团队目标取向与创造力进行了跨层次的研究，研究认为团队学习取向通过团队学习行为对个体和团队创造力产生积极的影响，并提出了相应的研究展望，该研究认为虽然研究发现团队证明取向通过团队学习对团队创造力产生积极影响，但忽略了团队创造力与团队证明取向之间的反转效应，即团队证明取向与团队创造力的动态演化关系。对于此，笔者对B团队进行深度访谈中，团队主管及团队成员表示：

"我们团队总是与其他团队进行比较，总想在成绩做头名，这就要求我们努力工作，甚至加班加点；有时候，我们讨论问题要讨论很晚；只有这样，我们才能做得比其他团队要好，甚至能得到其他团队的称赞，这是我们骄傲的地方。"

"在我们团队里，我们之间也会进行比较，总想超出他人很多，想得到更多的赞扬；尤其是我们女孩子，不希望做一个'花瓶'，而是要做一个女强人；因此，我们需要努力工作，甚至要比别人付出更多的努力，才能超额完成任务。完成任务之后，发现别人也在积极工作，这样你追我赶，我们的工作表现越来越好，在这种情况下，我们团队在整个企业中也得到了认可和赞扬。"

基于以上分析，本研究认为：较高的团队证明取向引起较高的团队创造力的原因在于，团队证明取向不仅能营造良好的成就证明氛围，鼓励团队成员的工作积极性，还会增强团队成员之间的交流和合作，进而提升团队创造力。相反，在初始团队创造力水平较低的情况下，这会带来较差的外部评价，也不利于证明团队自身的价值，必然会影响团队成员的士气，进而不利于团队成员的证明取向，导致团队成员降低其证明取向水平，团队证明取向水平降低。在这种情况下，团队证明取向的降低会影响团队成员间的交流和合作，减少了对任务和策略等的反思，进而降低了团队自省水平，最终不利于团队创造力水平的提升。同时，团队创造力水平的降低促使团队成员继续降低其证明取向水平，导致整体团队证明取向水平降低，进而更加不利于团队自省，最终对随后阶段的团队创造力产生消极的影响。

6.5.2.3 C 团队（回避取向团队）的 ASD 阶段分析

针对 C 团队的追踪案例研究，共有 3 次数据采集点。第 1 次数据采集（2013 年 6 月），了解团队信息、初始阶段的团队回避取向（S1）、初始阶段的团队自省（D1）；第 2 次数据采集（2013 年 8 月），主要测量初始阶段的团队创造力（A1）；第 3 次数据采集（2014 年 6 月），主要了解随后阶段的团队回避取向（S2）、团队自省（D2）及团队创造力（A2）。具体的动态演化过程如图 6.4 所示。

（1）初始循环阶段（S1→D1→A1）：主分析单元。

C 团队成员主要负责产品部门的项目审核。由图 6.4 可知，C 团队在初始团队创造力方面取得较高的成绩，这表明在团队的日常运作过程中，团队成员对项目审核方面提出了新的想法和建议。此时，团队内的多数成员会根据已有的团队环境氛围，沿着"情境感知→行为"的反应方式，选择与初始团队创造力相适应的目标取向策略。在 C 团队中，团队成员及其主管更加倾向于规避风险，避免较差的外部评价。此时，C 团队的较高团队创造力反映了团队成员对当前问题进行讨论，并提出新颖的解决方式；这有利于营造较高的成就感，触发团队成员敢于接受挑战，降低了团队回避取向水平。

在第一次访谈的同时，研究者也采用问卷调查的方式，测量了 C 团队整体的团队自省，均值为 3.78。这表明在较高的团队创造力水平下，较低的回避取向氛围更能与创造力相匹配。原因在于，第一，较低的回避取向氛围有利于团队成员敢于接受外部挑战和机会，对项目管理中存在的问题进行讨论和分析，并提出新的解决思路和想法；第二，较低的回避取向可能会营造良

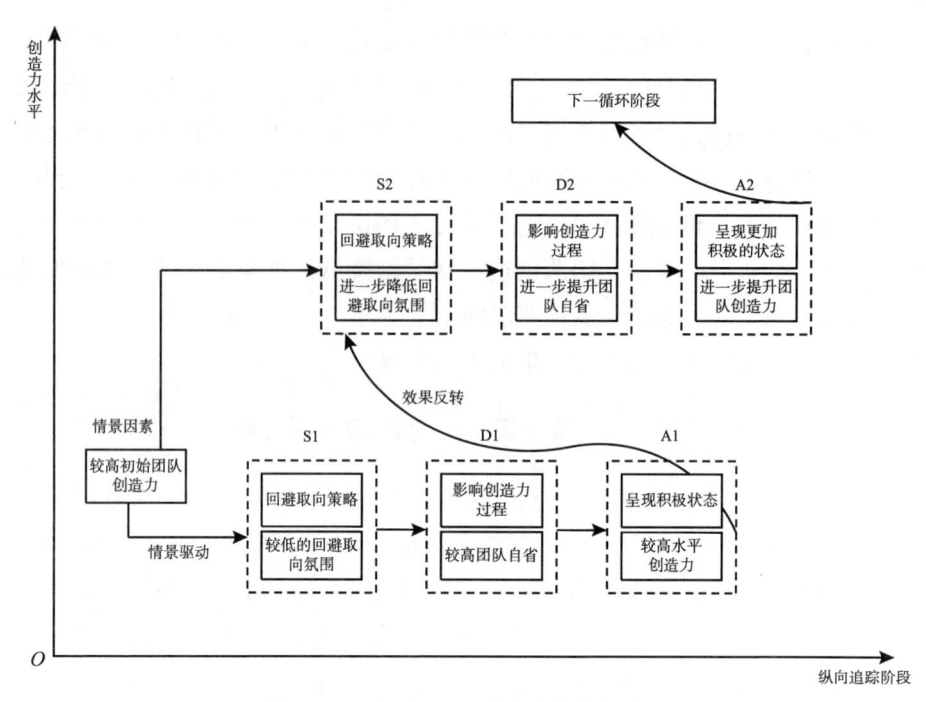

图 6.4 C 团队 ASD 动态演化路径分析

好的心理安全氛围,这保证团队成员不必担心接受挑战失败而受批评和责罚的风险,有利于提高团队成员的工作积极性和参与感。这会促进团队成员对团队任务、目标和策略等公开反思,提升团队自省水平,最终为创造力的提升提供了条件。

研究者在第 2 次数据采集时,采用团队创造力测量量表,考察 C 团队在经理初始阶段循环后的创造力水平(A1)。结果发现,在此阶段,B 团队的创造力水平较高,均值为 3.59。这表明,当具备了发展条件之后,整个团队能够展现出积极的结果状态,即进入适应阶段;在此阶段,创造力得到提升。

(2) 随后循环阶段(S2→D2→A2):主分析单元。

在第 3 次数据采集时,研究者采用了问卷调查方法,对 C 团队在第 2 次循环过程中的团队回避取向(S2)、团队自省(D2)进行了测量。

依据 ASD 动态演化框架,环境和行为主体的交互作用是动态变化的,因而在实现初始阶段的"适应"(A1)后,团队成员需要评估环境,并据此作为环境线索，影响随后阶段的决策。因此，在经历初始阶段的"适应"之后，团队成员需做出新一轮的回避取向策略选择，即进入 S2 阶段。由于较高的团队创造力水平能够给团队成员带来较高的成就感，对具有回避取向的团队带来更多的满足感，这会鼓励团队成员接受有挑战性的任务，并与其他成员之间进行合作和交流；因而，团队内多数成员会继续降低回避取向策略。在这一阶段，较高的团队创造力水平导致了较低的团队回避取向水平，产生了效果反转。

由于团队内多数成员持续降低回避取向策略，益于营造积极的团队心理安全氛围，激励团队成员的敢于接受挑战，不害怕较差的外部评价；在此基础上，团队成员通过努力工作和与其他成员间展开交流和合作，进而增强了对现有的任务、策略等进行反思，提升了团队自省水平。在此阶段，团队自省的均值为 3.94。当随后循环阶段运行到 A2 时，随着团队自省水平的提高，测量所得的团队创造力水平也有所提升，均值为 3.67。这表明，当循环进入随后阶段时，较高的团队创造力水平会使团队回避取向持续降低，进而提升团队自省水平，最终促进团队创造力的提升。

（3）随后阶段效果强化的原因分析：次分析单元。

通过以上分析发现：在初始阶段，较低的团队回避取向会促进团队创造力的提升；进入随后阶段，持续降低的团队回避取向会进一步提升团队创造力。由此，初始阶段的较高的团队创造力为什么会导致随后阶段的团队回避取向水平的降低，发生了效果反转？

贡等（Gong et al., 2013）对团队目标取向与创造力进行了跨层次的研究，研究认为团队回避取向通过团队学习行为对个体和团队创造力产生影响，并提出了相应的研究展望，该研究认为虽然研究发现团队回避取向通过团队学习对团队创造力产生消极影响，但忽略了团队创造力与团队回避取向之间的反转效应，即团队回避取向与团队创造力的动态演化关系。对于此，笔者对 C 团队进行深度访谈中，团队主管及团队成员表示：

"在我们团队里，大部分害怕承担责任，因此，我们尽量避免接受任务，即使接受任务我们也会相互推卸责任；但是，当团队得到较好的成绩时，我们会很开心；接下来，我们大部分人不再害怕接受任务，不再逃避；我认为这种转变关键是有一个好的环境，能帮助我们营造好的氛围。"

基于以上分析，本研究认为：较低的团队回避取向引起较高的团队创造力水平的原因在于，较低的团队回避取向不仅能营造良好的心理安全氛围，鼓励团队成员对当前任务和策略的讨论和交流，还会增强团队成员对外部较差评价的承受能力，进而敢于接受挑战性的任务，最终提升团队创造力。相反，在初始团队创造力水平较低的情况下，团队成员会继续逃避外部较差的评价，不敢接受挑战性的任务，不利于团队成员对任务和策略的反思，导致较低的团队创造力水平；在这种情况下，团队成员会继续选择逃避，导致团队回避取向整体提高，进而不利于团队自省水平的提升，最终对随后阶段的团队创造力产生消极的影响。

6.6　研究结论讨论

本研究在借鉴 ASD 动态分析框架的基础上，采用逻辑分析，分析了团队目标取向与团队创造力的动态演化关系。其主要结论与现有文献的对比分析如下：

（1）在初始团队创造力较高的团队中，受其情景线索的影响，初期的团队学习取向与团队证明取向都会得到加强，进而有利于团队自省，并使团队呈现较高的创造力水平。同时，在随后阶段的团队学习取向与证明取向受到团队创造力的提升而提升，并通过团队自省对团队创造力产生进一步的积极影响。这一研究结论与贡等（Gong et al., 2013）研究结论相似。他们指出团队学习取向、证明取向与团队创造力呈现正相关关系。

（2）在初始团队创造力较高的团队中，受其情景线索的影响，初期的团队回避取向会降低，有利于团队成员接受挑战性的任务，并积极对任务和决策进行交流和讨论，进而有利于团队自省，并使团队呈现较高的创造力水平。同时，在随后阶段的团队回避取向受到团队创造力的提升而进一步降低，并通过团队自省对团队创造力产生进一步的积极影响。这一研究结论与贡等

(Gong et al., 2013) 研究结论相似, 该研究指出团队回避取向与团队创造力呈现负相关关系。

(3) 研究发现, 初始团队创造力作为影响团队目标取向的重要驱动因素。这一研究结论与席佩斯等 (Schippers et al., 2012) 研究结论相似。该研究认为创始团队绩效作为影响团队自省的重要情境因素, 同时, 团队自省通过团队学习对随后阶段的团队绩效产生积极的影响。另外, 这一研究结论还与卫旭华和刘咏梅 (2014) 研究结论相似。该研究认为团队过往绩效作为一种制约当前和未来决策的情境因素, 对团队冲突产生影响, 而以往研究聚焦于团队冲突对团队绩效的积极影响研究。总之, 本研究是以过往创造力作为重要情境因素, 探讨其对团队目标取向的影响。

(4) 本研究基于情境理论与 ASD 理论构建了团队目标取向与团队创造力的动态演化模型; 在此基础上, 我们通过对 3 个案例团队进行分析, 发现团队目标取向与团队创造力之间存在动态演化关系, 即前一阶段的团队创造力对随后阶段的团队目标取向产生影响。这一研究结论与伊尔根等 (Ilgen et al., 2005) 研究结论相似, 他们认为初始阶段的结果变量可能会通过反馈以影响随后阶段的前因和中介变量, 进而影响随后阶段的结果变量。

6.7 研 究 小 结

本研究以情境理论和 ASD 理论为理论基础和分析框架, 运用案例分析方法对团队目标取向与团队创造力的动态演化关系进行了探索。在理论推演的基础上, 本研究构建了团队目标取向与团队创造力的动态演化过程框架模型, 并通过追踪案例分析对该过程进行了逻辑分析。

基于逻辑分析的追踪案例研究表明, 初始团队创造力成为后续阶段团队目标取向与创造力的动态演化关系的驱动因素, 这是重复因果链条中的初始原因, 条件变化 (初始团队创造力) 促使不同目标取向的团队做出反应, 团队成员及其领导会根据条件变化情况选择特定的应对策略以实现团队的自我调节。这一理论进路中, 初始阶段的团队创造力是起点和触发因素, 团队成员及其领导通过选择不同的目标取向策略, 对团队创造力产生影响。

在逻辑分析的基础上，本研究从动态发展的视角拓展了目标取向与团队创造力的现有研究框架，构建了团队目标取向与团队创造力的动态演化模型。通过三个团队的解释性案例研究，本研究验证了团队目标取向与团队创造力的动态演化模型，研究表明初始团队创造力作为影响团队目标取向策略选择的驱动因素，而团队目标取向通过团队自省对团队创造力产生影响，进而影响随后阶段的团队目标取向，且随后阶段的团队目标取向会通过团队自省对团队创造力产生进一步影响。同时，不同的团队目标取向与团队创造力的动态演化存在不同的效应。

由于深度案例研究需要翔实的数据和信息，而数据的可得性差是中国背景下开展管理研究面临的最大困境之一，本研究不可避免地受到这个因素的影响，导致本案例研究最大的局限——案例数偏少，从而影响案例研究的说服力；同时，案例研究中尚存在竞争性解释导致一些因果关系脆弱甚至模糊，需要使用更为充分的证据加以补充说明，这也是未来研究需要注意的地方。

| 第 7 章 |
研究结论与启示

本研究以企业的研发团队为研究对象,从多层次视角出发,深入剖析目标取向与创造力的多层次影响关系。同时,遵循 IMOI 动态研究范式和 ASD 动态分析框架,分别进行了追踪研究和解释性案例分析,深入剖析了目标取向与创造力的动态演化关系,进而归纳出推动创造力提升的研究结论或建议,指导于现实生活或解决现实问题。

鉴于本研究在每个章节的研究后都进行了讨论或总结,以下内容将按照研究的主要结论、研究取得的理论进展、研究的实践意义、研究的局限性和展望等四个部分的顺序依次展开。

7.1 主要研究结论与讨论

7.1.1 目标取向与创造力在个体及团队层次的关系比较

本书的第 4 章,以探讨目标取向与创造力的多层次影响关系为目的，通过对目标取向与创造力的相关文献进行梳理、分析及归纳后，发现一些共同特点：学习取向与创造力的关系在不同层次上均呈现出正相关关系。而证明取向、回避取向与创造力的影响关系尚未达成一致，如有的研究认为证明取向、回避取向均需通过特定的过程或情境与创造力的产生明确的关系，而有的研究则认为证明取向与创造力具有显著的正相关关系，回避取向与创造力具有显著负相关关系。基于此，本研究通过文献梳理和推论，提出了目标取向与创造力的关系模型，如图7.1所示。

(a) 个体层次上　　　　　　　　(b) 团队层次上

图7.1　目标取向与创造力在个体和团队层次上的关系汇总

研究发现：学习取向、证明取向与创造力在个体和团队层次上均呈现正相关关系，而回避取向在个体和团队层次上均呈现负相关关系。目标取向与创造力在不同层次上的关系表明：第一，学习取向关注能力提高和对工作内容的熟悉，逐步培养一种只关注任务本身的内在兴趣，促进了技能获取和内在激励，与创造力成分理论显著相关，从而与创造力呈现正相关关系。第二，证明取向关注获得外部良好评价和能力证明，容易受到他人认同、接受奖励等外部因素的影响；而创造力本身隐含着证明的成分。因此，证明取向与创造力呈现出正相关关系。第三，回避取向的个体和团队认为能力是不会因为工作努力而得到改变的，且容易受到挫折和失败的影响产生退缩行为；他们害怕接受任务和挑战，害怕失败，甚至担心失败所带来的主管和同事对其的负面评价；同时，创造力出现不胜任的可能性也会阻碍个体参与到有风险或者挑战性的创造性活动。因此，回避取向与创造力呈现出负相关关系。通过对比分析发现，目标取向与创造力在个体及团队层次的关系相同。

7.1.2 团队自省在个体和团队层次上表现出不同的行为效应

本研究通过在团队层面的团队自省以探讨其在目标取向与个体及团队创造力关系中所表现出的不同行为效应。在个体层次上，主要考察团队自省对个体创造力产生的直接影响及其在个体目标取向与个体创造力关系起到调节作用；在团队层次上，主要考察团队自省在团队目标取向与团队创造力关系间起到中介作用。其中，团队自省在个体和团队层次的影响关系上表现出不同的行为效应，如图 7.2 所示。

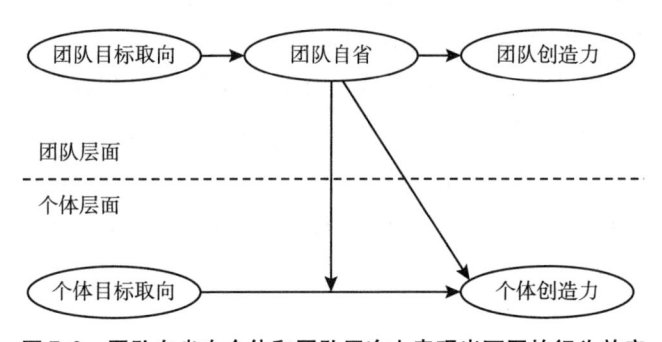

图 7.2　团队自省在个体和团队层次上表现出不同的行为效应

7.1.2.1　团队自省在个体层次上的直接和调节作用

组织行为领域的多层次理论认为，个体行为不仅仅受个体特征的影响，还会受到个体所处团队乃至组织层次的情景因素影响；这些情景因素一方面会对个体行为产生直接的影响，另一方面也可能会强化或弱化个体特征与其行为间的关系。同时，特征激活理论认为，个体对情境的知觉会调节其个人特征对行为的影响效果（Tett & Burnett，2003），且确定的情景会影响个体由性格或特征所引起行为的程度。基于此，本研究构建了团队自省在个体层次上的直接和调节作用模型，通过对 110 个团队样本的数据收集，采用多层线性回归方法对数据进行了处理，主要研究结论包括：第一，团队自省对个体创造力产生显著正向影响。第二，团队自省调节个体目标取向与其创造力之间的关系，即高团队自省可以增强个体学习取向与证明取向对个体创造力的正向影响，减弱个体回避取向对个体创造力的负向影响；低团队自省可以减弱个体学习取向与证明取向对个体创造力的正向影响，增强个体回避取向对个体创造力的负向影响。

7.1.2.2 团队自省在团队目标取向与团队创造力之间起到中介作用

基于目标取向与团队自省理论，本研究构建了团队自省在团队目标取向与团队创造力之间的中介作用模型。通过对110个团队样本的数据收集，采用回归分析方法对数据进行了处理，主要研究结论包括：第一，团队自省在团队学习取向与团队创造力的关系中起到中介作用。第二，团队自省在团队证明取向与团队创造力的关系中起到中介作用。第三，团队自省在团队回避取向与团队创造力的关系中起到中介作用。

通过对比分析发现，团队自省在个体和团队层次的影响关系上表现出不同的行为效应。在团队层次上，团队自省作为重要的团队过程，在团队目标取向与团队创造力之间起到中介作用；在个体层次上，团队自省作为重要的团队情境，对个体创造力产生正向影响，且正向调节个体目标取向与个体创造力的关系。

7.1.3 个体创造力通过创造力支持氛围向团队创造力转化

在个体创造力与团队创造力的关系方面，以往的研究主要分为两类，即"聚合观"与"过程观"。"聚合观"认为，团队创造力取决于团队内个体成员创造力的平均水平；而"过程观"认为，团队创造力并不只是个体创造力的函数，还会受到团队创造过程中的其他因素影响（团队氛围、团队任务、团队特征等）。

依据"过程观"观点，通过文献梳理和归纳，本研究构建了个体创造力对团队创造力的自下而上的影响关系模型，并将创造力支持氛围引入其中。本研究采用多层线性回归方法得出了如下研究结论：第一，个体创造力平均水平与团队创造力具有显著的正相关关系，这也印证了个体创造力是团队创造力构建的基石。第二，个体创造力平均水平通过创造力支持氛围自下而上对团队创造力产生积极影响。在创造力领域中，创造力支持氛围能够增强团队创造力，且作为连接个体创造力与团队创造力的重要过程。

7.1.4 目标取向与创造力的动态演化呈现 ASD 规律

本研究采用了 IMOI 动态研究范式和 ASD 动态分析框架，分别进行追踪研究和解释性案例研究，以考察目标取向与创造力的动态演化关系。同时，本研究从团队层面考虑，基于动态发展的视角，围绕目标取向与创造力的动态演化路径—这一核心问题进行探索，主要研究结论如下。

7.1.4.1 IMOI 研究范式下目标取向与创造力的追踪分析

团队研究者普遍认为团队是一个复杂、可调整及动态的系统。然而传统的研究普遍基本上遵循 I-P-O 模型研究范式，从静态角度探讨有哪些因素通过过程变量影响团队输出；这种单向因果关系模式忽略了团队工作中反馈的积极效应对随后阶段团队输入的影响，即静态的 I-P-O 模型范式难以支持团队动态相关研究的深入。在此背景下，伊尔根等（Ilgen et al., 2005）研究阐述了团队研究从 I-P-O 模型演进到 IMOI 范式的必要性和可操作性，用 M 代替 P 反映中介（mediators）或缓冲（moderators）因素，增加 I 则是反映团队背景下的环行回路因果关系。基于此，本研究主要考察初始创造力对随后阶段目标取向的影响，是否基于 IMOI 动态研究范式演进。通过对已有研究分析和推演，构建了目标取向与创造力的追踪分析模型。

通过对上海大众产品部门的 49 个研发团队的两次数据追踪，并采用回归分析的方法，主要研究结论包括：第一，初始团队创造力（团队创造力 T1）对随后阶段的团队学习取向（团队学习取向 T2）产生正向影响，即团队学习取向与团队创造力的因果关系遵循 IMOI 反馈回路范式演进。第二，初始团队创造力（团队创造力 T1）对随后阶段的团队证明取向（团队证明取向 T2）产生正向影响，即团队证明取向与团队创造力的因果关系遵循 IMOI 反馈回路范式演进。第三，初始团队创造力（团队创造力 T1）对随后阶段的团队回避取向（团队回避取向 T2）产生负向影响，即团队回避取向与团队创造力的因果关系遵循 IMOI 反馈回路范式演进。

7.1.4.2　ASD 动态分析下目标取向与创造力的动态演化关系

按照 ASD 的分析和观点，团队目标取向的形成和演化标志着工作团队具备了进一步发展的条件，而该条件是否会支撑团队实现更高水平的团队创造力仍是一个亟待检验和解决的命题。深入系统的研究团队目标取向与团队创造力的动态演化关系是研究主线。本研究在借鉴 ASD 动态分析框架的基础上，运用解释性案例研究，分析了团队目标取向与团队创造力的动态演化关系。其主要结论包括：第一，在初始团队创造力较高的团队中，受其情景线索的影响，初期的团队学习取向与团队证明取向都会得到加强，进而有利于团队自省，并使团队呈现较高的创造力水平。同时，在随后阶段的团队学习取向与证明取向受到团队创造力的提升而提升，并通过团队自省对团队创造力产生进一步的积极影响。第二，在初始团队创造力较高的团队中，受其情景线索的影响，初期的团队回避取向会降低，有利于团队成员接受挑战性的任务，并积极对任务和决策进行交流和讨论，进而有利于团队自省，并使团队呈现较高的创造力水平。同时，在随后阶段的团队回避取向受到团队创造力的提升而进一步降低，并通过团队自省对团队创造力产生进一步的积极影响。第三，初始团队创造力作为影响团队目标取向的重要驱动因素。第四，通过三个案例团队进行了分析，发现团队目标取向与团队创造力之间存在动态演化关系，即前一阶段的团队创造力对随后阶段的团队目标取向产生影响。这一研究结论与伊尔根等（Ilgen et al., 2005）研究结论相似，他们认为初始阶段的结果变量可能会通过反馈以影响随后阶段的前因和中介变量，进而影响随后阶段的结果变量。

7.2　本研究的理论进展

7.2.1　理论贡献

本研究围绕"目标取向与创造力的多层次影响及动态演化关系"问题，

采用多层次分析方法、追踪研究、解释性案例分析,探讨了目标取向影响创造力的中介机制、调节机制及动态演化规律,这在一定程度上对以往研究进行了补充和拓展,其理论贡献主要体现在以下几方面:

(1) 以往大多数的关于团队创造力的研究倾向于在同一个层次上进行,本研究分别从个体与团队两个层次检验目标取向与创造力之间的关系。个体(团队)学习取向、证明取向与个体(团队)创造力有着显著的正相关关系,而个体(团队)回避取向与个体(团队)创造力有着显著的负相关关系。研究结论不仅拓展了目标取向理论,而且丰富了创造力多层次的研究。

(2) 整合目标取向和团队自省视角,本研究证实团队自省作为重要的团队过程与团队情景对个体和团队层次创造力产生的不同行为效应。研究发现:在团队层次上,团队自省在团队目标取向与团队创造力关系中起到中介作用;个体层次上,团队自省不仅对个体创造力产生积极的影响,而且跨层次正向调节个体目标取向与个体创造力的关系。关于目标取向与创造力的已有研究采用信息交换(Gong et al., 2012)、变革型领导行为(Gong et al., 2009)及团队学习行为(Hirst et al., 2012)等作为过程变量或情景变量,鲜有研究将团队自省作为目标取向与创造力关系间的团队层次的过程变量和个体层次的情景变量。因此,本研究不仅深化了对团队目标取向影响团队创造力的过程"黑箱",以及个体目标取向影响个体创造力的边界条件的认知,而且一定程度上拓展了团队自省理论。

(3) 通过文献回顾和推论,本研究提出并验证了个体创造力通过自下而上方式影响团队创造力。尤其是个体创造力通过创造力支持氛围对团队创造力产生积极的影响,不仅印证了创造力的跨层次理论所倡导的个体创造力是团队创造力的基石(Drazin et al., 1999),而且解释了个体创造力向团队创造力转变的过程机制,拓展了创造力的跨层次理论,深化了对创造力形成规律的认识。

(4) 本研究突破了采用传统的采用 I-P-O 研究模式探讨变量间的关系研究,且多数为横截面研究的界限,尝试从已有研究和推论构建基于 IMOI 研究范式的目标取向与创造力的动态影响研究,并通过对两阶段数据追踪的分析,验证目标取向与创造力的因果关系遵循 IMOI 反馈回路范式演进。研究结论不仅从研究方法印证了伊尔根等(Ilgen et al., 2005)所提出的 IMOI 研究范式，而且从理论上拓展了目标取向与创造力的动态演化关系研究。

（5）在逻辑分析的基础上，本研究从动态发展的视角拓展了目标取向与团队创造力的现有研究框架，构建了团队目标取向与团队创造力的动态演化模型。通过三个团队的解释性案例研究，本研究验证了团队目标取向与团队创造力的动态演化模型，研究表明初始团队创造力作为影响团队目标取向策略选择的驱动因素，而团队目标取向通过团队自省对团队创造力产生影响，进而影响随后阶段的团队目标取向，且随后阶段的团队目标取向会通过团队自省对团队创造力产生进一步影响；同时，不同的团队目标取向与团队创造力的动态演化存在不同的效应。这丰富并拓展了 ASD 理论模型，进一步验证和拓展了目标取向与创造力的动态演化关系。

7.2.2 对理论的指导意义

通过以上分析，本研究存在理论贡献，任何理论贡献也最终用于指导实践与丰富和拓展已有的理论，具体而言，分为对理论的指导意义和实践的指导意义。本研究对于相关理论的指导意义主要体现在以下几个方面：

（1）对创造力成分模型的指导意义。通过对已有研究的分析和归纳，发现目标取向与创造力成分模型的专业领域技能和工作动机两个构成因素紧密相关。因此，本研究引入目标取向，探讨其对创造力的影响，由此可见，目标取向可以为继续深入研究创造力成分模型的相关内容提供了研究视角。

（2）对特征激活理论和团队自省理论的指导意义。以往学术界对个体目标取向与创造力的关系间的群体情境聚焦于团队学习、团队领导行为等。而本研究不仅仅以团队自省作为团队情境因素，调节个体目标取向与个体创造力的关系，还探讨团队情景对个体创造力的直接影响。这极大丰富了未来研究的内容，一方面，进一步验证和丰富了特征激活理论在个人特征对行为的影响关系方面的应用；另一方面，剖析了团队自省作为重要团队情境因素，对个体创造力的重要影响，进一步丰富和拓展了团队自省的跨层次的影响因果。

（3）对 IMOI 动态研究范式和多阶段的 ASD 动态分析框架分析的指导意义。基于动态发展的视角，本研究探讨目标取向与创造力的动态演化关系。

一方面，本研究基于 IMOI 动态研究范式，通过两次数据追踪，研究发现，初始阶段的创造力对随后阶段的目标产生影响，即目标取向与创造力的因果关系遵循 IMOI 反馈回路范式演进。这进一步丰富和拓展了 IMOI 动态研究范式在动态发展的应用，对 IMOI 动态研究范式具有重要的指导意义。另一方面，本研究通过三个案例团队进行了分析，发现初始阶段的结果变量可能会通过反馈以影响随后阶段的前因和中介变量，进而影响随后阶段的结果变量。这对多阶段的 ASD 动态分析框架具有有效的指导，推动创造力的发展。

（4）对目标取向理论与多层次理论的指导意义。关于目标取向的研究文献多集中于教育学领域，其影响效果多以学生的成绩提升为主。而本研究关注目标取向对创造力的多层次影响关系。一方面，进一步丰富了目标取向理论中的影响效果的研究；另一方面，拓展了多层次理论在目标取向与创造力关系间的应用。

7.2.3 对实践的指导意义

本研究从个体和团队层面，并基于动态发展视角，探讨目标取向对创造力的多层次及动态演化关系研究。对科研团队成员而言，研究结论对其目标选择和创造力的提升具有重要的启示；对团队管理者而言，研究结论有助于其重视目标选择对团队创造力的重要影响，同时，重视团队自省在两者之间的重要"桥梁"作用；对企业领导者而言，研究结论为企业战略转型提供了创造力培育和提升的素材。研究结论具有以下几个方面的现实启示：

（1）对团队成员而言，要摒弃回避取向对自身发展的束缚，从内心解除害怕挑战、失败、负面评价的障碍，以积极心态提高自身发展；同时，重视学习取向与证明取向对提升自身创造力的积极作用，不断通过学习、沟通、反思等以获取更多的知识和技能，不断提升创造力；且创造力的提升会进一步夯实学习或者证明取向，且学习或证明取向会进一步提升创造力，从而形成良好循环。基于此，团队成员应该不断重视自身目标取向的选择，实现自身价值。

（2）对团队管理者而言，个体创造力是企业保持核心竞争力和获得持续增长的关键因素，因此，团队管理者应该从多个层次分析影响个体创造力的因素。本研究以成就动机理论为基础引入影响个体创造力的目标取向因素，探讨目标取向对创造力的多层次影响及动态演化关系，为团队管理者提供了重要的管理启示。首先，团队管理者为团队和企业发展招聘和筛选优秀人才，尤其是学习和证明取向的人才，如通过人才测评等方式辨明所招人员的目标取向，以便对其进行疏导和管理。其次，团队管理者可以采取必要的措施培养个体目标取向，尤其是对个体创造力提升产生积极作用的个体学习目标取向与绩效证明目标取向，例如，改善领导成员关系、制定学习目标和共同认知等情景因素，增强个体间的交流和沟通，提高知识和技能的共享水平，帮助个体获取更多的知识和技能，进而提升个体创造力。再次，团队管理者可以通过营造安全的心理安全氛围、构建畅通的沟通渠道等方式提升团队内部反思水平，从而提出新颖的想法和建议，进而提高个体创造力。最后，团队管理者应该注意团队目标取向对团队创造力的影响，积极推动团队学习或证明取向，例如，培养积极的氛围、发挥领导带头作用等。同时，要采取必要的措施抑制团队回避取向对团队创造力的阻碍作用。

（3）对企业领导而言，企业战略转型是企业重新塑造竞争优势、提升社会价值，达到新的企业形态的过程，主要通过组织内"集思广益"的结果。因此，企业领导需要重视创造力提升的各层面影响因素及个体创造力向团队创造力转化，例如，构建公平、公正的交流平台、设置专项激励制度及推动知识和创新成果的共享等。

7.3 本研究的局限与研究展望

7.3.1 本研究的局限

目前，学术界关于目标取向与创造力的多层次研究仍处于探索阶段，尤其是关于二者关系的动态研究缺乏可供参考的演化分析框架和理论基础。本研究结合多层次与动态分析视角所得出的研究结论，不仅丰富了创造力的多层次研究，而且为今后相关研究提供了可供参考的创造力动态研究框架。然而，由于本研究的研究主题尚处于探索性阶段，研究者所能借鉴的直接研究较为缺乏，且受数据追踪、研究样本等客观条件的限制，整体研究仍有一些不足之处，需要在后续研究进一步改善。

（1）样本的代表性存在局限。本研究的问卷调查一方面对于研究对象的选择集中于科研团队样本，多数来自山东、上海、江苏、北京和辽宁等地，且加之研究经费与实践等客观条件的限制，无法在全国范围内进行随机抽样。另一方面，在进行追踪和动态演化关系研究中，受时间、团队成员变动等客观条件，本研究只选取了上海大众产品工程部门中研发团队作为研究样本，这使得研究样本的代表性存在一定的局限性。

（2）共同方法偏差的影响。本研究的核心变量涉及两个层次的概念，而团队创造力也并非由个体创造力直接汇聚得到，这在一定程度上降低了共同方法偏差对研究问题的干扰（Barrick et al.，1998）；此外，通过哈曼（Harman）单因素检验结论也证实了本研究中的共同方法偏差现象较为轻微，且不会影响研究结论。然而，本研究的自变量、中介变量都是员工自我报告的数据，这在一定程度上会造成共同方法偏差。

（3）追踪分析中数据处理方法的局限。本研究通过两次数据收集，探讨目标取向与创造力动态演化关系研究，并采用回归分析方法进行处理初始创造力对随后阶段目标取向的影响，而没有采用结构方程模型或 M-PLUS 软件处理整体演进路径，未来研究可对此研究问题进行动态性和路径的分析。

7.3.2　研究展望

此次研究的过程中，发现了很多有研究价值的内容：

（1）目标取向与创造力的多层次影响模型。这一研究议题，我们只选取了个体和团队层次进行目标取向与创造力关系的多层次探讨，暂未考虑企业层的影响因素，未来研究可以建立三水平的多层模型（3-level multilevel model），进一步探索如企业文化等第三层次因素的主效应与调节效应。同时，除了目标取向和团队自省对创造力产生显著影响外，其他个人因素（如个体主动性人格、个体特质等）、其他团队层次因素（如团队成员交换、团队信任、团队学习等）也会影响创造力，未来研究中可以考虑增加这些解释变量。

（2）目标取向与创造力的动态演化关系研究。本研究采取 IMOI 动态研究范式和 ASD 动态分析框架分别通过追踪研究和质性研究探讨了目标取向与创造力的动态演化关系。在研究过程中，通过文献的搜集和回顾，发现目前暂无在国内外高质量的期刊对创造力动态演化这一议题的研究。受本研究目前的资源和时间限制，只能对相关理论和文献进行总结和推演，后续研究可采用质性研究中扎根研究方法，融合心理学和管理学的相关内容，对创造力的动态演化理论进行完善。

参考文献

[1] Adarves-Yorno I, Postmes T, Haslam S A. Creative innovation or crazy irrelevance? The contribution of group norms and social identity to creative behavior [J]. Journal of Experimental Social Psychology, 2007, 43 (3): 410 –416.

[2] Adarves-Yorno I, Postmes T, Haslam S A. Social identity and the recognition of creativity in groups [J]. British Journal of Social Psychology, 2011, 45 (3): 479 –497.

[3] Amabile T M, Barsade S G, Mueller J S, et al. Affect and creativity at work [J]. Administrative Science Quarterly, 2005, 50 (3): 367 –403.

[4] Amabile T M, Conti R, Coon H, et al. Assessing the work environment for creativity [J]. Academy of Management Journal, 1996, 39 (5): 1154 –1184.

[5] Amabile T M, Gryskiewicz S S. Creativity in the R&D Laboratory [M]. Center for Creative Leadership, 1987.

[6] Amabile T M. A model of creativity and innovation in organizations [J]. Research in Organizational Behavior, 1988, 10 (1): 123 –167.

[7] Amabile T M. Entrepreneurial creativity through motivational synergy [J]. The Journal of Creative Behavior, 1997, 31 (1): 18 –26.

[8] Amabile T M. The social psychology of creativity: A componential conceptualization [J]. Journal of Personality and Social Psychology, 1983, 45 (2):

357 – 371.

[9] Amabile T. Creativity in Context [M]. Westview Press, 1996.

[10] Ames C. Classrooms: Goals, structures, and student motivation [J]. Journal of Educational Psychology, 1992, 84 (3): 261 – 289.

[11] Anderson N R, West M A. Measuring climate for work group innovation: Development and validation of the team climate inventory [J]. Journal of Organizational Behavior, 1998, 19 (3): 235 – 258.

[12] Anderson N, De Dreu C K W, Nijstad B A. The routinization of innovation research: A constructively critical review of the-state-of-the-science [J]. Journal of Organizational Behavior, 2004, 25 (2): 147 – 173.

[13] Baer M, Oldham G R. The curvilinear relation between experienced creative time pressure and creativity: Moderating effects of openness to experience and support for creativity [J]. Journal of Applied Psychology, 2006, 91 (4): 963 – 995.

[14] Bagozzi R P, Yi Y, Nassen K D. Representation of measurement error in marketing variables: Review of approaches and extension to three-facet designs [J]. Journal of Econometrics, 1998, 89 (1): 393 – 421.

[15] Barlow D H, Gorman J M, Shear M K, et al. Cognitive-behavioral therapy, imipramine, or their combination for panic disorder: A randomized controlled trial [J]. Journal of the American Medical A Sociation, 2000, 283 (19): 2529 – 2536.

[16] Baron R M, Kenny D A. The moderator-mediator variable distinction in social psychological research: Conceptual, strategic, and statistical considerations [J]. Journal of Personality and Social Psychology, 1986, 51 (6): 1173 – 1195.

[17] Barrick M R, Stewart G L, Neubert M J, et al. Relating member ability and personality to work-team processes and team effectiveness [J]. Journal of Applied Psychology, 1998, 83 (3): 377 – 391.

[18] Barron F, Harrington D M. Creativity, intelligence, and personality [J]. Annual Review of Psychology, 1981, 32 (1): 439 – 476.

[19] Barron F. The disposition toward originality [J]. The Journal of Abnor-

mal and Social Psychology, 1955, 51 (3): 478.

[20] Bartko J J, Carpenter W T. On the methods and theory of reliability [J]. The Journal of Nervous and Mental Disease, 1976, 163 (5): 307 -317.

[21] Barzi F, Woodward M. Imputations of missing values in practice: Results from imputations of serum cholesterol in 28 cohort studies [J]. American Journal of Epidemiology, 2004, 160 (1): 34 -45.

[22] Bass B M, Avolio B J. Shatter the glass ceiling: Women may make better managers [J]. Human Resource Management, 1994, 33 (4): 549 -560.

[23] Beaty Jr J C, Cleveland J N, Murphy K R. The relation between personality and contextual performance in "strong" versus "weak" situations [J]. Human Performance, 2001, 14 (2): 125 -148.

[24] Bharadwaj S, Menon A. Making innovation happen in organizations: Individual creativity mechanisms, organizational creativity mechanisms or both? [J]. Journal of Product Innovation Management, 2000, 17 (6): 424 -434.

[25] Biemer P P, Christ S L, Wiesen C A. A general approach for estimating scale score reliability for panel survey data [J]. Psychological Methods, 2009, 14 (4): 400 -412.

[26] Bock G W, Zmud R W, Kim Y G, et al. Behavioral intention formation in knowledge sharing: Examining the roles of extrinsic motivators, social-psychological forces, and organizational climate [J]. MIS Quarterly, 2005: 87 -111.

[27] Brophy K. Creativity: Psychoanalysis, Surrealism and Creative Writing [M]. Melbourne University, 1998.

[28] Brown J S, Collins A, Duguid P. Situated cognition and the culture of learning [J]. Educational Researcher, 1989, 18 (1): 32 -42.

[29] Brown V, Tumeo M, Larey T S, et al. Modeling cognitive interactions during group brainstorming [J]. Small Group Research, 1998, 29 (4): 495 -526.

[30] Browne M W, Cudeck R. Alternative ways of assessing model fit [J]. Sage Focus Editions, 1993, 154: 136.

［31］Bunderson J S, Sutcliffe K M. Management team learning orientation and business unit performance ［J］. Journal of Applied Psychology, 2003, 88 (3): 552 - 560.

［32］Burke C S, Stagl K C, Salas E, et al. Understanding team adaptation: A conceptual analysis and model ［J］. Journal of Applied Psychology, 2006, 91 (6): 1189 - 1207.

［33］Butler R. Effects of task-and ego-achievement goals on information seeking during task engagement ［J］. Journal of personality and social psychology, 1993, 65 (1): 18 - 35.

［34］Butler R. Task-involving and ego-involving properties of evaluation: Effects of different feedback conditions on motivational perceptions, interest, and performance ［J］. Journal of Educational Psychology, 1987, 79 (4): 474 - 490.

［35］Button S B, Mathieu J E, Zajac D M. Goal orientation in organizational research: A conceptual and empirical foundation ［J］. Organizational Behavior and Human Decision Processes, 1996, 67 (1): 26 - 48.

［36］Chen G, Bliese P D. The role of different levels of leadership in predicting self-and collective efficacy: evidence for discontinuity ［J］. Journal of Applied Psychology, 2002, 87 (3): 549 - 556.

［37］Chen G, Kanfer R. Toward a systems theory of motivated behavior in work teams ［J］. Research in Organizational Behavior, 2006, 27: 223 - 267.

［38］Chen M H, Chang Y C. The dynamics of conflict and creativity during a project's life cycle: A comparative study between service-driven and technology-driven teams in Taiwan ［J］. International Journal of Organizational Analysis, 2005, 13 (2): 127 - 150.

［39］Chen M H. Understanding the benefits and detriments of conflict on team creativity process ［J］. Creativity and Innovation Management, 2006, 15 (1): 105 - 116.

［40］Chirumbolo A, Livi S, Mannetti L, et al. Effects of need for closure on creativity in small group interactions ［J］. European Journal of Personality, 2004, 18 (4): 265 - 278.

[41] Chirumbolo A, Mannetti L, Pierro A, et al. Motivated closed-mindedness and creativity in small groups [J]. Small Group Research, 2005, 36 (1): 59-82.

[42] Choi H S, Thompson L. Old wine in a new bottle: Impact of membership change on group creativity [J]. Organizational Behavior and Human Decision Processes, 2005, 98 (2): 121-132.

[43] Cohen S G, Bailey D E. What makes teams work: Group effectiveness research from the shop floor to the executive suite [J]. Journal of Management, 1997, 23 (3): 239-290.

[44] Collins M A, Amabile T M. I5 motivation and creativity [J]. Handbook of Creativity, 1999: 297-312.

[45] Colquitt J A, Simmering M J. Conscientiousness, goal orientation, and motivation to learn during the learning process: A longitudinal study [J]. Journal of Applied Psychology, 1998, 83 (4): 654.

[46] Conroy D E, Elliot A J, Hofer S M. A 2×2 achievement goals questionnaire for sport: Evidence for factorial invariance, temporal stability, and external validity [J]. Journal of Sport & Exercise Psychology, 2003, 25 (4), 456-476.

[47] Cooper W H, Withey M J. The strong situation hypothesis [J]. Personality and Social Psychology Review, 2009, 13 (1): 62-72.

[48] Corbitt G, Martz B. Groupware case studies: Trust, commitment and the free expression of ideas [J]. Team Performance Management: An International Journal, 2003, 9 (1/2): 16-22.

[49] Cron W, Slocum J W, Vandewalle D. Negative Performance Feedback and self-set goal level: The role of goal orientation and emotional reactions [J]. Academy of Management Proceedings, 2002 (1): i-B6.

[50] Cummings A, Oldham G R. Enhancing creativity: Managing work contexts for the high potential employee [J]. California Management Review, 1997, 40 (1): 22-48.

[51] Davis W D, Mero N, Goodman J M. The interactive effects of goal

orientation and accountability on task performance [J]. Human Performance, 2007, 20 (1): 1-21.

[52] Dayan M, Basarir A. Antecedents and consequences of team reflexivity in new product development projects [J]. Journal of Business & Industrial Marketing, 2009, 25 (1): 18-29.

[53] De Dreu C K W. When too little or too much hurts: Evidence for a curvilinear relationship between task conflict and innovation in teams [J]. Journal of Management, 2006, 32 (1): 83-107.

[54] DeShon R P, Gillespie J Z. A motivated action theory account of goal orientation [J]. Journal of Applied Psychology, 2005, 90 (6): 1096-1127.

[55] DeShon R P. Measures are not invariant across groups without error variance homogeneity [J]. Psychology Science, 2004, 46: 137-149.

[56] Dewett T. Linking intrinsic motivation, risk taking, and employee creativity in an R&D environment [J]. R&D Management, 2007, 37 (3): 197-208.

[57] Douma M U, Bilderbeek J, Idenburg P J, et al. Strategic alliances: Managing the dynamics of fit [J]. Long Range Planning, 2000, 33 (4): 579-598.

[58] Dragoni L. Understanding the emergence of state goal orientation in organizational work groups: The role of leadership and multilevel climate perceptions [J]. Journal of Applied Psychology, 2005, 90 (6): 1084-1102.

[59] Drazin R, Glynn M A, Kazanjian R K. Multilevel theorizing about creativity in organizations: A sense making perspective [J]. Academy of Management Review, 1999, 24 (2): 286-307.

[60] Dreu C K W D. Team innovation and team effectiveness: The importance of minority dissent and reflexivity [J]. European Journal of Work and Organizational Psychology, 2002, 11 (3): 285-298.

[61] Dweck C S, Elliott E S. Achievement motivation [J]. Handbook of Child Psychology, 1983, 4: 643-691.

[62] Dweck C S, Leggett E L. A social-cognitive approach to motivation and personality [J]. Psychological Review, 1988, 95 (2): 256.

[63] Dweck C S, Sorich L A. Mastery-Oriented Thinking [M]//Snyder C R, et al. The Psychology of What Works. New York: Oxford University Press, 1999.

[64] Dweck C S. Motivational processes affecting learning [J]. American Psychologist, 1986, 41 (10): 1040 - 1048.

[65] Dweck C S. The role of expectations and attributions in the alleviation of learned helplessness [J]. Journal of Personality and Social Psychology, 1975, 31 (4): 674 - 690.

[66] Edwards M. New approaches to children and development: Introduction and overview [J]. Journal of International Development, 1996, 8 (6): 813 - 827.

[67] Egan T M. Creativity in the context of team diversity: Team leader perspectives [J]. Advances in Developing Human Resources, 2005, 7 (2): 207 - 225.

[68] Eisenhardt K M, Graebner M E. Theory building from cases: Opportunities and challenges [J]. Academy of Management Journal, 2007, 50 (1): 25 - 32.

[69] Eisenhardt K M. Better stories and better constructs: The case for rigor and comparative logic [J]. Academy of Management Review, 1991, 16 (3): 620 - 627.

[70] Eisenhardt K M. Building theories from case study research [J]. Academy of Management Review, 1989, 14 (4): 532 - 550.

[71] Eison J A. The development and validation of a scale to assess differing student orientations towards grades and learning [D]. Knoxville: University of Tennessee, 1979.

[72] Eison J, Pollio H, Milton O. LOGO II: A user's manual [D]. Knoxville: University of Tennessee, 1982.

[73] Elliot A J, Church M A. A hierarchical model of approach and avoidance achievement motivation [J]. Journal of Personality and Social Psychology, 1997, 72 (1): 218 - 245.

[74] Elliot A J, McGregor H A. A 2 × 2 achievement goal framework [J].

Journal of Personality and Social Psychology, 2001, 80 (3): 501-519.

[75] Elliott D, Chua R. Manual asymmetries in goal-directed movement [J]. Manual Asymmetries in Motor Performance, 1996: 143-158.

[76] Enders C K. Dealing with missing data in developmental research [J]. Child Development Perspectives, 2013, 7 (1): 27-31.

[77] Fagan M H. The influence of creative style and climate on software development team creativity: An exporatory study [J]. The Journal of Computer Information Systems, 2004, 44 (3): 73-80.

[78] Farh J L, Lee C, Farh C I C. Task conflict and team creativity: A question of how much and when [J]. Journal of Applied Psychology, 2010, 95 (6): 1173-1190.

[79] Farrell E, Dweck C. The role of motivational processes in transforming learning [D]. Doctoral dissertation, Harvard University, 1985.

[80] Feist G J. A meta-analysis of personality in scientific and artistic creativity [J]. Personality and Social Psychology Review, 1998, 2 (4): 290-309.

[81] Feldhusen J F, Goh B E. Assessing and accessing creativity: An integrative review of theory, research, and development [J]. Creativity Research Journal, 1995, 8 (3): 231-247.

[82] Fodor E M, Carver R A. Achievement and power motives, performance feedback, and creativity [J]. Journal of Research in Personality, 2000, 34 (4): 380-396.

[83] Ford C M. A theory of individual creative action in multiple social domains [J]. Academy of Management Review, 1996, 21 (4): 1112-1142.

[84] Ge Y H, Yang W Z. A review on the top management team reflexivity influencing strategic decision outcomes [J]. African Journal of Business Management, 2011, 5 (35): 13442-13448.

[85] George J M, Zhou J. Dual tuning in a supportive context: Joint contributions of positive mood, negative mood, and supervisory behaviors to employee creativity [J]. Academy of Management Journal, 2007, 50 (3): 605-622.

[86] Goncalo J A, Staw B M. Individualism-collectivism and group creativity

[J]. Organizational Behavior and Human Decision Processes, 2006, 100 (1): 96-109.

[87] Gong Y, Cheung S Y, Wang M, et al. Unfolding the proactive process for creativity integration of the employee proactivity, information exchange, and psychological safety perspectives [J]. Journal of Management, 2012, 38 (5): 1611-1633.

[88] Gong Y, Huang J C, Farh J L. Employee learning orientation, transformational leadership, and employee creativity: The mediating role of employee creative self-efficacy [J]. Academy of Management Journal, 2009, 52 (4): 765-778.

[89] Gong Y, Kim T Y, Lee D R, et al. A multilevel model of team goal orientation, information exchange, and creativity [J]. Academy of Management Journal, 2013, 56 (3): 827-851.

[90] Gough H G. A creative personality scale for the adjective check list [J]. Journal of Personality and Social Psychology, 1979, 37 (8): 1398.

[91] Guilford J P. Creative Talents: Their Nature, Uses and Development [M]. Bearly Limited, 1986.

[92] Gully S M, Phillips J M. A multilevel application of learning and performance orientations to individual, group, and organizational outcomes [J]. Research in Personnel and Human Resources Management, 2005, 24: 1-51.

[93] Haleblian J, Finkelstein S. Top management team size, CEO dominance, and firm performance: The moderating roles of environmental turbulence and discretion [J]. Academy of Management Journal, 1993, 36 (4): 844-863.

[94] Hanke R C M. Team creativity: A process model [D]. Smeal College of Business, 2006.

[95] Harrington D M. The ecology of human creativity: A psychological perspective [M]//Institute of Personality Assessment and Research, University of California, Berkeley, Sep 1984. Toward a Psychology of Creative Environments: An Ecological Perspective. Sage Publications, Inc, 1990.

[96] Hirst G, Van Knippenberg D, Zhou J. A cross-level perspective on

employee creativity: Goal orientation, team learning behavior, and individual creativity [J]. Academy of Management Journal, 2009, 52 (2): 280 - 293.

[97] Hoegl M, Parboteeah K P. Team reflexivity in innovative projects [J]. R&D Management, 2006, 36 (2): 113 - 125.

[98] Hough L M. The "Big Five" personality variables-construct confusion: Description versus prediction [J]. Human Performance, 1992, 5 (1 - 2): 139 - 155.

[99] Hu L, Bentler P M. Cutoff criteria for fit indexes in covariance structure analysis: Conventional criteria versus new alternatives [J]. Structural Equation Modeling: a Multidisciplinary Journal, 1999, 6 (1): 1 - 55.

[100] Hülsheger U R, Anderson N, Salgado J F. Team-level predictors of innovation at work: A comprehensive meta-analysis spanning three decades of research [J]. Journal of Applied Psychology, 2009, 94 (5): 1128 - 1147.

[101] Ilgen D R, Hollenbeck J R, Johnson M, et al. Teams in organizations: From input-process-output models to IMOI models [J]. Annu. Rev. Psychol., 2005, 56: 517 - 543.

[102] Isaksen S G, Lauer K J. The climate for creativity and change in teams [J]. Creativity and Innovation Management, 2002, 11: 74 - 86.

[103] James L R, Demaree R G, Wolf G. Rwg: An assessment of within-group interrater agreement [J]. Journal of Applied Psychology, 1993, 78 (2): 306 - 309.

[104] Janssen O, Van Yperen N W. Employees' goal orientations, the quality of leader-member exchange, and the outcomes of job performance and job satisfaction [J]. Academy of Management Journal, 2004, 47 (3): 368 - 384.

[105] Jehn K A, Northcraft G B, Neale M A. Why differences make a difference: A field study of diversity, conflict and performance in workgroups [J]. Administrative Science Quarterly, 1999, 44 (4): 741 - 763.

[106] Jehn K A. A multimethod examination of the benefits and detriments of intragroup conflict [J]. Administrative Science Quarterly, 1995: 256 - 282.

[107] Jick T D. Mixing qualitative and quantitative methods: Triangulation in

action [J]. Administrative Science Quarterly, 1979: 602 – 611.

[108] Kanfer R, Ackerman P L, Heggestad E D. Motivational skills & self-regulation for learning: A trait perspective [J]. Learning and Individual Differences, 1996, 8 (3): 185 – 209.

[109] Kanfer R. Motivation theory and industrial and organizational psychology [J]. Handbook of Industrial and Organizational Psychology, 1990, 1 (2): 75 – 130.

[110] Katz-Navon T A L, Naveh E, Stern Z. Safety climate in health care organizations: A multidimensional approach [J]. Academy of Management Journal, 2005, 48 (6): 1075 – 1089.

[111] Kaufman J C, Sternberg R J. Resource review [J]. Change, 2007 (7): 55 – 68.

[112] Khodyakov D. Trust as a process a three-dimensional approach [J]. Sociology, 2007, 41 (1): 115 – 132.

[113] Kirk S J, Spreckelmeyer K F. Creative Design Decisions: A Systematic Approach to Problem Solving in Architecture [M]. Van Nostrand Reinhold Company, 1988.

[114] Kleysen R F, Street C T. Toward a multi-dimensional measure of individual innovative behavior [J]. Journal of Intellectual Capital, 2001, 2 (3): 284 – 296.

[115] Kozlowski S W J, Bell B S. Disentangling achievement orientation and goal setting: Effects on self-regulatory processes [J]. Journal of Applied Psychology, 2006, 91 (4): 900 – 921.

[116] Kozlowski S W J, Gully S M, Nason E R, et al. Developing Adaptive Teams: A Theory of Compilation and Performance Across Levels and Time [M]// Pulakos (Eds.). The Changing Nature of Performance: Implications for Staffing, Motivation, and Development, 1999: 240 – 292.

[117] Kozlowski S W J, Klein K J. A Multilevel Approach to Theory and Research in Organizations: Contextual, Temporal, and Emergent Processes [M]. San Francisco, CA: Jossey-Bass, 2000.

[118] Kozlowski S W, Hattrup K. A disagreement about within-group agreement: Disentangling issues of consistency versus consensus [J]. Journal of Applied Psychology, 1992, 77 (2): 161-167.

[119] Kristof A L. Person-organization fit: An integrative review of its conceptualizations, measurement, and implications [J]. Personnel Psychology, 1996, 49 (1): 1-49.

[120] Kurtzberg T R. Feeling creative, being creative: An empirical study of diversity and creativity in teams [J]. Creativity Research Journal, 2005, 17 (1): 51-65.

[121] Langfred C W. The downside of self-management: A longitudinal study of the effects of conflict on trust, autonomy, and task interdependence in self-managing teams [J]. Academy of Management Journal, 2007, 50 (4): 885-900.

[122] Lau S, Nie Y. Interplay between personal goals and classroom goal structures in predicting student outcomes: A multilevel analysis of person-context interactions [J]. Journal of educational Psychology, 2008, 100 (1): 15-29.

[123] Lee F K, Sheldon K M, Turban D B. Personality and the goal-striving process: The influence of achievement goal patterns, goal level, and mental focus on performance and enjoyment [J]. Journal of Applied Psychology, 2003, 88 (2): 256-269.

[124] Leenders R T A J, Van Engelen J M L, Kratzer J. Virtuality, communication, and new product team creativity: A social network perspective [J]. Journal of Engineering and Technology Management, 2003, 20 (1): 69-92.

[125] Leonard-Barton D, Swap W C. When Sparks Fly: Igniting Creativity in Groups [M]. Harvard Business Press, 1999.

[126] Liao H, Liu D, Loi R. Looking at both sides of the social exchange coin: A social cognitive perspective on the joint effects of relationship quality and differentiation on creativity [J]. Academy of Management Journal, 2010, 53 (5): 1090-1109.

[127] Livingstone L P, Nelson D L, Barr S H. Person-environment fit and creativity: An examination of supply-value and demand-ability versions of fit [J].

Journal of Management, 1997, 23 (2): 119 - 146.

[128] Locke E A, Latham G P. A Theory of Goal Setting & Task Performance [M]. Prentice-Hall, Inc, 1990.

[129] Mackinnon D W. Personality and the realization of creative potential [J]. American Psychologist, 1965, 20 (4): 273 - 289.

[130] Madjar N, Oldham G R, Pratt M G. There's no place like home? The contributions of work and nonwork creativity support to employees' creative performance [J]. Academy of Management Journal, 2002, 45 (4): 757 - 767.

[131] Madjar N. Emotional and informational support from different sources and employee creativity [J]. Journal of Occupational and Organizational Psychology, 2008, 81 (1): 83 - 100.

[132] Mannix E, Neale M A. What differences make a difference? The promise and reality of diverse teams in organizations [J]. Psychological Science in the Public Interest, 2005, 6 (2): 31 - 55.

[133] Marks M A, Mathieu J E, Zaccaro S J. A temporally based framework and taxonomy of team processes [J]. Academy of Management Review, 2001, 26 (3): 356 - 376.

[134] Mathieu J E, Taylor S R. A framework for testing meso-mediational relationships in organizational behavior [J]. Journal of Organizational Behavior, 2007, 28 (2): 141 - 172.

[135] Mathieu J, Maynard M T, Rapp T, et al. Team effectiveness 1997 - 2007: A review of recent advancements and a glimpse into the future [J]. Journal of Management, 2008, 34 (3): 410 - 476.

[136] McGrath J E, Arrow H, Berdahl J L. The study of groups: Past, present, and future [J]. Personality and Social Psychology Review, 2000, 4 (1): 95 - 105.

[137] McGregor H A, Elliot A J. Achievement goals as predictors of achievement-relevant processes prior to task engagement [J]. Journal of Educational Psychology, 2002, 94 (2): 381 - 396.

[138] Meyer R D, Dalal R S, Hermida R. A review and synthesis of situa-

tional strength in the organizational sciences [J]. Journal of Management, 2010, 36 (1): 121-140.

[139] Midgley C, Kaplan A, Middleton M. Performance-approach goals: Good for what, for whom, under what circumstances, and at what cost? [J]. Journal of Educational Psychology, 2001, 93 (1): 77-86.

[140] Mischel W, Shoda Y. A cognitive-affective system theory of personality: reconceptualizing situations, dispositions, dynamics, and invariance in personality structure [J]. Psychological Review, 1995, 102 (2): 246-261.

[141] Morgeson F P, Hofmann D A. The structure and function of collective constructs: Implications for multilevel research and theory development [J]. Academy of Management Review, 1999, 24 (2): 249-265.

[142] Mumford M D. Where have we been, where are we going? Taking stock in creativity research [J]. Creativity Research Journal, 2003, 15 (2-3): 107-120.

[143] Müller A, Herbig B, Petrovic K. The explication of implicit team knowledge and its supporting effect on team processes and technical innovations an action regulation perspective on team reflexivity [J]. Small Group Research, 2009, 40 (1): 28-51.

[144] Nemeth C J, Ormiston M. Creative idea generation: Harmony versus stimulation [J]. European Journal of Social Psychology, 2007, 37 (3), 524-535.

[145] Nicholls D G. The regulation of extra mitochondrial free calciumion concentration by rat liver mitochondria [J]. Biochemical Journal, 1978, 176: 463-474.

[146] Oldham G R, Cummings A. Employee creativity: Personal and contextual factors at work [J]. Academy of Management Journal, 1996, 39 (3): 607-634.

[147] Paramitha A, Indarti N. Impact of the environment support on creativity: Assessing the mediating role of intrinsic motivation [J]. Procedia-Social and Behavioral Sciences, 2014, 115: 102-114.

[148] Patton M Q. How to Use Qualitative Methods in Evaluation [M]. Sage, 1987.

[149] Patton M Q. Qualitative Research [M]. John Wiley & Sons, Ltd, 2005.

[150] Paulus P, Nijstad B A. Group Creativity: Innovation Through Collaboration [M]. Oxford University Press, 2003.

[151] Payne S C, Youngcourt S S, Beaubien J M. A meta-analytic examination of the goal orientation homological net [J]. Journal of Applied Psychology, 2007, 92 (1): 128 – 149.

[152] Perry-Smith J E, Shalley C E. The social side of creativity: A static and dynamic social network perspective [J]. Academy of Management Review, 2003, 28 (1): 89 – 106.

[153] Perry-Smith J E. Social yet creative: The role of social relationships in facilitating individual creativity [J]. Academy of Management Journal, 2006, 49 (1): 85 – 101.

[154] Pieterse A N, Van Knippenberg D, Van Ginkel W P. Diversity in goal orientation, team reflexivity, and team performance [J]. Organizational Behavior and Human Decision Processes, 2011, 114 (2): 153 – 164.

[155] Pirola-Merlo A, Mann L. The relationship between individual creativity and team creativity: Aggregating across people and time [J]. Journal of Organizational Behavior, 2004, 25 (2): 235 – 257.

[156] Ployhart R E, Moliterno T P. Emergence of the human capital resource: A multilevel model [J]. Academy of Management Review, 2011, 36 (1): 127 – 150.

[157] Podsakoff P M, MacKenzie S B, Lee J Y, et al. Common method biases in behavioral research: A critical review of the literature and recommended remedies [J]. Journal of Applied Psychology, 2003, 88 (5): 879 – 903.

[158] Podsakoff P M, Organ D W. Self-reports in organizational research: Problems and prospects [J]. Journal of Management, 1986, 12 (4): 531 – 544.

[159] Porath C L, Bateman T S. Self-regulation: From goal orientation to job performance [J]. Journal of Applied Psychology, 2006, 91 (1): 185 – 192.

[160] Porter C O L H. Goal orientation: Effects on backing up behavior, performance, efficacy, and commitment in teams [J]. Journal of Applied Psychology, 2005, 90 (4): 811 – 832.

[161] Reber A S. Implicit learning and tacit knowledge [J]. Journal of Experimental Psychology: General, 1989, 118 (3): 219 – 243.

[162] Reiter-Palmon R, Wigert B, Vreede T. Team creativity and innovation: The effect of group composition, social processes, and cognition [J]. Handbook of Organizational Creativity, 2012, 1: 295 – 326.

[163] Rhodes M. An analysis of creativity [J]. Phi Delta Kappan, 1961: 305 – 310.

[164] Rice J. Mathematical Statistics and Data Analysis [M]. Cengage Learning, 2006.

[165] Roeser R J, Downs M P. Auditory Disorders in School Children: The Law, Identification, Remediation [M]. Thieme, 2004.

[166] Schippers M C, Den Hartog D N, Koopman P L, et al. Diversity and team outcomes: The moderating effects of outcome interdependence and group longevity and the mediating effect of reflexivity [J]. Journal of Organizational Behavior, 2003, 24 (6): 779 – 802.

[167] Schippers M C, Homan A C, Knippenberg D. To reflect or not to reflect: Prior team performance as a boundary condition of the effects of reflexivity on learning and final team performance [J]. Journal of Organizational Behavior, 2013, 34 (1): 6 – 23.

[168] Schippers M C, West M A, Dawson J F. Team reflexivity and innovation: The moderating role of team context [J]. Journal of Management, 2012, 41 (3): 769 – 788.

[169] Schneider B. The climate for service: An application of the climate constructs [J]. Organizational Climate and Culture, 1990, 1: 383 – 412.

[170] Schneider B. The people make the place [J]. Personnel Psychology, 1987, 40 (3): 437 – 453.

[171] Schwartz S H. Beyond individualism/collectivism: New cultural dimen-

sions of values [M]. Sage Publications, Inc, 1994.

[172] Scott S G, Bruce R A. Determinants of innovative behavior: A path model of individual innovation in the workplace [J]. Academy of Management Journal, 1994, 37 (3): 580 – 607.

[173] Shalley C E, Gilson L L. What leaders need to know: A review of social and contextual factors that can foster or hinder creativity [J]. The Leadership Quarterly, 2004, 15 (1): 33 – 53.

[174] Shalley C E, Zhou J, Oldham G R. The effects of personal and contextual characteristics on creativity: Where should we go from here? [J]. Journal of management, 2004, 30 (6): 933 – 958.

[175] Shalley C E. Effects of coaction, expected evaluation, and goal setting on creativity and productivity [J]. Academy of Management Journal, 1995, 38 (2): 483 – 503.

[176] Shani A B. Triggering creativity in teams: An exploratory investigation [J]. Creativity and Innovation Management, 2002, 11 (1): 17 – 30.

[177] Shin S J, Zhou J. Transformational leadership, conservation, and creativity: Evidence from Korea [J]. Academy of Management Journal, 2003, 46 (6): 703 – 714.

[178] Shin S J, Zhou J. When is educational specialization heterogeneity related to creativity in research and development teams? Transformational leadership as a moderator [J]. Journal of Applied Psychology, 2007, 92 (6): 1709 – 1721.

[179] Somech A, Drach-Zahavy A. Coping with work-family conflict from a cross cultural perspective [C]//Biennial Meeting for the International Association of Cross-Cultural Psychology, Istanbul, Turkey, 2011.

[180] Sommer A, Pearson C M. Antecedents of creative decision making in organizational crisis: A team-based simulation [J]. Technological Forecasting and Social Change, 2007, 74 (8): 1234 – 1251.

[181] Spinath B, Stiensmeier-Pelster J. Goal orientation and achievement: The role of ability self-concept and failure perception [J]. Learning and Instruction, 2003, 13 (4): 403 – 422.

[182] Spinath F M, Ronald A, Harlaar N, et al. Phenotypic g early in life: On the etiology of general cognitive ability in a large population sample of twin children aged 2-4 years [J]. Intelligence, 2003, 31 (2): 195 – 210.

[183] Spreitzer G M. Psychological empowerment in the workplace: Dimensions, measurement, and validation [J]. Academy of Management Journal, 1995, 38 (5): 1442 – 1465.

[184] Srivastava A, Bartol K M, Locke E A. Empowering leadership in management teams: Effects on knowledge sharing, efficacy, and performance [J]. Academy of Management Journal, 2006, 49 (6): 1239 – 1251.

[185] Steele-Johnson D, Beauregard R S, Hoover P B, et al. Goal orientation and task demand effects on motivation, affect, and performance [J]. Journal of Applied Psychology, 2000, 85 (5): 724 – 765.

[186] Steiger J H. Structural model evaluation and modification: An interval estimation approach [J]. Multivariate Behavioral Research, 1990, 25 (2): 173 – 180.

[187] Sternberg R J, Lubart T I. The concept of creativity: Prospects and paradigms [J]. Handbook of Creativity, 1999, 1: 3 – 15.

[188] Sternberg R J. The Triarchic Mind: A New Theory of Human Intelligence [M]. Viking Press, 1988.

[189] Steven C K, Gist M E. Effects of self-efficacy and goal-orientation training on interpersonal skill maintenance: What are the mechanics [J]. Personnel Psychology, 1997, 50 (4): 955 – 978.

[190] Sujan H, Weitz B A, Kumar N. Learning orientation, working smart, and effective selling [J]. The Journal of Marketing, 1994: 39 – 52.

[191] Swift T A, West M A. Reflexivity and Group Processes: Research and Practice [M]. ESRC Centre for Organization and Innovation, 1998.

[192] Taggar S. Individual creativity and group ability to utilize individual creative resources: A multilevel model [J]. Academy of Management Journal, 2002, 45 (2): 315 – 330.

[193] Tasa K, Taggar S, Seijts G H. The development of collective efficacy

in teams: A multilevel and longitudinal perspective [J]. Journal of Applied Psychology, 2007, 92 (1): 17 – 27.

[194] Tesluk P E, Farr J L, Klein S R. Influences of organizational culture and climate on individual creativity [J]. The Journal of Creative Behavior, 1997, 31 (1): 27 – 41.

[195] Tett R P, Burnett D D. A personality trait-based interactionist model of job performance [J]. Journal of Applied Psychology, 2003, 88 (3): 500 – 517.

[196] Tierney P, Farmer S M, Graen G B. An examination of leadership and employee creativity: The relevance of traits and relationships [J]. Personnel Psychology, 1999, 52 (3): 591 – 620.

[197] Tierney P, Farmer S M. The Pygmalion process and employee creativity [J]. Journal of Management, 2004, 30 (3): 413 – 432.

[198] Tjosvold D, Tang M M L, West M. Reflexivity for team innovation in China the contribution of goal interdependence [J]. Group & Organization Management, 2004, 29 (5): 540 – 559.

[199] Torrance E P. Education and the Creative Potential [M]. University of Minnesota Press, 1963.

[200] Unsworth L. Teaching Multiliteracies Across the Curriculum [M]. Buckingham-Philadelphia: Open University Press, 2001.

[201] Van Yperen N W. A novel approach to assessing achievement goals in the context of the 2 × 2 framework: Identifying distinct profiles of individuals with different dominant achievement goals [J]. Personality and Social Psychology Bulletin, 2006, 32 (11): 1432 – 1445.

[202] Vandewalle D M. Are our students trying to prove or improve their ability? Development and validation of an instrument to measure academic goal orientation [C]//Cincinnati, OH: Academy of Management National Meeting, 1996.

[203] Vandewalle D, Cron W L, Slocum Jr J W. The role of goal orientation following performance feedback [J]. Journal of Applied Psychology, 2001, 86 (4): 629 – 640.

[204] Vandewalle D, Cummings L L. A test of the influence of goal orienta-

tion on the feedback-seeking process [J]. Journal of Applied Psychology, 1997, 82 (3): 390 –410.

[205] Vandewalle D. Development and validation of a work domain goal orientation instrument [J]. Educational and Psychological Measurement, 1997, 57 (6): 995 –1015.

[206] Vlasko-Vlasov V K, Lin Y K, Miller D J, et al. Direct magneto-optical observation of a structural phase transition in thin films of manganite [J]. Physical Review Letters, 2000, 84 (10): 2239 –2251.

[207] Wallas G. The Art of Thought [M]. Cape: London, 1926.

[208] Wang Z M. Managerial competency modelling and the development of organizational psychology: A Chinese approach [J]. International Journal of Psychology, 2003, 38 (5): 323 –334.

[209] Wang Z, Zang Z. Strategic human resources, innovation and entrepreneurship fit: A cross-regional comparative model [J]. International Journal of Manpower, 2005, 26 (6): 544 –559.

[210] Weingart L R. Impact of group goals, task component complexity, effort, and planning on group performance [J]. Journal of Applied Psychology, 1992, 77 (5): 682 –693.

[211] Weldon E, Jehn K A, Pradhan P. Processes that mediate the relationship between a group goal and improved group performance [J]. Journal of Personality and Social Psychology, 1991, 61 (4): 555 –569.

[212] West M A, Anderson N R. Innovation in top management teams [J]. Journal of Applied Psychology, 1996, 81 (6): 680 –693.

[213] West M A. Sparkling fountains or stagnant ponds: An integrative model of creativity and innovation implementation in work groups [J]. Applied Psychology, 2002, 51 (3): 355 –387.

[214] West M. Reflexivity and Work Group Effectiveness: A Conceptual Integration [M]. John Wiley & Sons, 1996.

[215] Woodman R W, Sawyer J E, Griffin R W. Toward a theory of organizational creativity [J]. Academy of Management Review, 1993, 18 (2): 293 –321.

[216] Yeo G, Loft S, Xiao T, et al. Goal orientations and performance: Differential relationships across levels of analysis and as a function of task demands [J]. Journal of Applied Psychology, 2009, 94 (3): 710-736.

[217] Yin R K. Applications of Case Study Research Second Edition (Applied Social Research Methods Series Volume 34) [M]. Sage, 2002.

[218] Yin R. Case Study Research: Design and Methods [M]. Beverly Hills, 1994.

[219] Yin R. K. Case study research: Design and methods [J]. Sage Publications, Inc, 2003, 5: 11.

[220] Zha P, Walczyk J J, Griffith-Ross D A, et al. The impact of culture and individualism-collectivism on the creative potential and achievement of American and Chinese adults [J]. Creativity Research Journal, 2006, 18 (3): 355-366.

[221] Zhang A Y, Tsui A S, Wang D X. Leadership behaviors and group creativity in Chinese organizations: The role of group processes [J]. The Leadership Quarterly, 2011, 22 (5): 851-862.

[222] Zhang X, Bartol K M. Linking empowering leadership and employee creativity: The influence of psychological empowerment, intrinsic motivation, and creative process engagement [J]. Academy of Management Journal, 2010, 53 (1): 107-128.

[223] Zhou J, George J M. When job dissatisfaction leads to creativity: Encouraging the expression of voice [J]. Academy of Management Journal, 2001, 44 (4): 682-696.

[224] Zhou J, Shalley C E. Expanding the scope and impact of organizational creativity research [J]. Handbook of Organizational Creativity, 2008, 28: 125-147.

[225] 陈晓. 组织创新氛围影响员工创造力的过程模型研究 [D]. 杭州: 浙江大学, 2006.

[226] 陈永霞, 贾良定, 李超平, 等. 变革型领导、心理授权与员工的组织承诺: 中国情景下的实证研究 [J]. 管理世界, 2006 (1): 96-105.

[227] 丁志华, 李萍, 胡志新, 等. 团队创造力数学模型的研究 [J]. 九江学院学报（自然科学版）, 2006, 20 (3): 107-110.

[228] 风笑天. 社会学研究方法 [M]. 北京: 中国人民大学出版社, 2001.

[229] 傅世侠, 罗玲玲, 孙雍君, 等. 科技团体创造力评估模型研究 [J]. 自然辩证法研究, 2005, 21 (2): 79-82.

[230] 贺文坤. 浅议员工创造力的影响因素 [J]. 金融经济, 2008, (1): 60-61.

[231] 侯杰泰, 温忠麟, 成子娟. 结构方程模型及其应用 [M]. 北京: 教育科学出版社, 2004.

[232] 黄芳铭. 结构方程模式: 理论与应用 [M]. 北京: 中国税务出版社, 2005.

[233] 霍伟伟, 罗瑾琏. 领导行为与员工创新研究之横断历史元分析 [J]. 科研管理, 2011, 32 (7): 113-121.

[234] 李怀祖. 管理研究方法 [M]. 西安: 西安交通大学出版社, 2004.

[235] 李晓东, 林崇德, 聂尤彦, 等. 课堂目标结构、个人目标取向、自我效能及价值与学业自我妨碍 [J]. 心理科学, 2003, 26 (4): 590-594.

[236] 马国庆. 管理统计: 数据获取、统计原理、SPSS 工具与应用研究 [M]. 北京: 科学出版社, 2002.

[237] 茅群霞. 缺失值处理统计方法的模拟比较研究及应用 [D]. 成都: 四川大学, 2005.

[238] 莫申江, 谢小云. 团队学习、交互记忆系统与团队绩效: 基于 IMOI 范式的纵向追踪研究 [J]. 心理学报, 2009 (7): 639-648.

[239] 沐守宽, 周伟. 缺失数据处理的期望——极大化算法与马尔可夫蒙特卡洛方法 [J]. 心理科学进展, 2011, 19 (7): 1083-1090.

[240] 彭灿, 李金蹊. 团队外部社会资本对团队学习能力的影响: 以企业研发团队为样本的实证研究 [J]. 科学学研究, 2011, 29 (9): 1374-1381.

[241] 彭芹芳, 李晓文. Dweck 成就目标取向理论的发展及其展望 [J]. 心理科学进展, 2004, 12 (3): 409-415.

[242] 王端旭, 薛会娟. 交互记忆系统与团队创造力关系的实证研究 [J]. 科研管理, 2011, 32 (1): 122-128.

[243] 王黎萤, 陈劲. 研发团队创造力的影响机制研究: 以团队共享心智模型为中介 [J]. 科学学研究, 2010, 28 (3): 420-428.

[244] 卫旭华, 刘咏梅. 团队过往绩效, 效能感与冲突关系研究 [J]. 科学学与科学技术管理, 2014, 35 (9): 152.

[245] 吴明隆. 结构方程模型: AMOS 操作与应用 [M]. 重庆: 重庆大学出版社, 2009.

[246] 薛靖. 创意团队成员个人创新行为影响因素实证研究 [D]. 杭州: 浙江大学, 2006.

[247] 杨志蓉. 团队快速信任, 互动行为与团队创造力研究 [D]. 杭州: 浙江大学, 2006.

[248] 叶宝娟, 温忠麟. 测验同质性系数及其区间估计 [J]. 心理学报, 2012, 44 (12): 1687-1694.

[249] 张奇. SPSS for Windows 在心理学与教育学中的应用 [M]. 北京: 北京大学出版社, 2009.

[250] 赵业, 李明岩. 员工创造力开发策略 [J]. 科学管理研究, 2004, 22 (5): 95-97.

[251] 郑建君, 金盛华, 马国义. 组织创新气氛的测量及其在员工创新能力与创新绩效关系中的调节效应 [J]. 心理学报, 2009 (12): 1203-1214.

[252] 周浩, 龙立荣. 共同方法偏差的统计检验与控制方法 [J]. 心理科学进展, 2004, 12 (6): 942-950.